Zu diesem Buch

Wer mit einem Alkoholiker zusammenlebt, wird mit vielen
Schwierigkeiten und Fragen konfrontiert. Auch Freunde und
Arbeitskollegen sind oft unsicher, wie sie sich verhalten sollen.
Wie kann man einem Alkoholabhängigen helfen, ohne in die
Sucht eingespannt zu werden? Wann und wie spricht man das
Problem an? Was tun, wenn Kinder da sind?

Ursula Lambrou hat zahlreiche Gespräche mit Angehörigen
und Mitbetroffenen geführt. Sie schildert anhand dieser Beispiele, was Familien und Freunde tun können, um die alltäglichen Probleme zu meistern und neue Hoffnung zu gewinnen.
Denn nicht nur der Alkoholiker braucht Rat und Hilfe, auch die
Mitbetroffenen suchen Unterstützung.

Dieser Band informiert anschaulich und kompakt über die
Familienkrankheit Alkoholismus, über Erklärungsmodelle,
Hilfsmöglichkeiten und Selbsthilfegruppen.

Zur Autorin

Ursula Lambrou, geboren 1943, arbeitet im Bereich der Sucht-
prophylaxe und ist von Beruf Diplompädagogin. Im Rowohlt
Taschenbuch Verlag veröffentlichte sie auch «Familienkrankheit Alkoholismus. Im Sog der Abhängigkeit» (rororo 18771).
In diesem Band beschreibt die Autorin besonders die Probleme
von Kindern, Jugendlichen und erwachsenen Kindern von Alkoholikern und zeigt Wege auf, die Vergangenheit zu bewältigen.

Ursula Lambrou

Helfen oder aufgeben?

Ein Ratgeber für Angehörige von Alkoholikern

Rowohlt Taschenbuch Verlag

4. Auflage März 2003

Originalausgabe
Veröffentlicht im Rowohlt Taschenbuch Verlag GmbH,
Reinbek bei Hamburg, Februar 1996
Copyright © 1996 by Rowohlt Taschenbuch Verlag GmbH,
Reinbek bei Hamburg
Umschlaggestaltung: Susanne Heeder
(Foto: Pictor International)
Satz aus der Aldus (Linotronic 500)
Gesamtherstellung Clausen & Bosse, Leck
Printed in Germany
ISBN 3 499 19955 6

Inhalt

Zu diesem Buch

Wenn mich vor 15 Jahren jemand gefragt hätte, was Alkoholismus sei, dann hätte ich wenig darüber sagen können. Vielleicht wären mir als erstes Menschen eingefallen, von denen ich gehört oder gelesen hatte – Prominente z. B., die getrunken haben. Möglicherweise hätte ich an Personen gedacht, die ich nur von fern kannte, wie den Vater einer Schulkameradin, der immer torkelnd durch die Straßen ging, oder Obdachlose, die trinkend ihre Tage auf Parkbänken verbrachten, Penner eben. Obwohl mir klar war, daß Menschen häufig zuviel trinken, waren die Alkoholiker in meiner Umgebung unsichtbar für mich. Gleichzeitig aber sammelte ich eigentlich schon seit Jahren Erfahrung mit dem Alkoholismus. Ich hatte mit Alkoholikern zusammengelebt und war mit ihnen befreundet. Partner hatten getrunken, einige meiner Freundinnen tranken, Arbeitskollegen brauchten Alkohol während der Arbeitszeit. Ich aber war befangen. Ich konnte das Offensichtliche nicht sehen. Bei meinem Vater, der an Leberzirrhose gestorben ist, gestand ich mir erst sehr spät ein, daß er Alkoholiker war. Er trank fast täglich und war oft auch gewalttätig. Ohne den Halt unserer Familie, besonders meiner Mutter, wäre er in eine «Trinkerheilanstalt», wie die Abteilungen für Alkoholiker in meiner Jugend unzutreffend hießen, gekommen. Doch obwohl ich mit meinem Vater 23 Jahre zusammenlebte, wurde ich auf das Problem Alkoholismus nicht aufmerksam. Ganz im Gegenteil, an trinkende Menschen war ich gewöhnt. Nur wenn ein Betrunkener laut wurde und um sich schlug, schrillten bei mir die Alarmglocken. Lange Zeit erkannte ich Alkoholabhängigkeit weder bei Freunden noch bei Arbeitskollegen. Ich wußte nur, daß sie alle oft und gern etwas tranken, auch «harte Sachen», die ich selbst nicht mochte. Noch vor einigen Jahren schätzte ich den Alkoholkonsum von Jugendlichen, mit denen ich arbeitete, oft völlig falsch ein. Meist handelte es sich um Jungen und Mädchen, mit denen ich mich gut verstand. Ich interpretierte ihr Trinken als Rebellion gegen die Erwachsenen und dachte: Gott sei Dank spritzten sie sich keine «Drogen». Tatsächlich waren sie schon mit 15 Jahren alkoholabhängig, doch das sah ich nicht.

Erst als ich das Buch von Robin Norwood «Wenn Frauen zu sehr lieben» kennenlernte, wurde mir klar, daß ich mich als Tochter eines Alkoholikers gerade zu Trinkenden hingezogen fühlte. Eigentlich eine paradoxe Wahl, dachte ich damals. Seitdem habe ich mit vielen Alkoholikern über ihre Abhängigkeit und ihr Verhalten gesprochen. Ich wollte diese Menschen verstehen lernen und herausfinden, ob der Alkoholismus in meiner Familie etwas mit der Unruhe und Leere, die mich dauernd antrieben, zu tun hatte. Außerdem habe ich mit vielen Angehörigen gesprochen: mit jüngeren und erwachsenen Kindern, mit Partnern, Geschwistern und Eltern.[1] Heute weiß ich, daß jeder, der einen Alkoholiker gern hat, in den Sog des Alkoholismus gerät. Auch Freunde und Freundinnen sowie Arbeitskollegen sind mit den Konsequenzen konfrontiert, die die Beziehung zu einem Alkoholiker mit sich bringt. Für alle Betroffenen verändert sich das Leben. Doch weil die Veränderungen schleichend kommen, fällt es schwer, sie zu erkennen. Und wenn es in der Beziehung kriselt, kommt selten der Gedanke, daß Alkohol das eigentliche Problem ist.

In den Medien wird inzwischen häufiger auf die Gefahr hingewiesen, die der Alkoholkonsum mit sich bringt. Heute geht einem die Frage, ob nicht vielleicht der Mann (oder die Freundin, das Kind, der Bruder, die Mutter) zuviel trinkt oder sogar abhängig ist, schon eher durch den Kopf. Doch woher weiß man, ob jemand Alkoholiker ist – oder «nur» gefährdet? Wo verläuft die Grenzlinie zwischen genüßlichem Trinken und Abhängigkeit? Die Antwort auf all diese Fragen lautet: In den meisten Fällen kann man nicht mit Sicherheit behaupten oder feststellen, daß jemand alkoholabhängig ist. Letztlich muß das jeder für sich selbst herausfinden. Unübersehbar wird die Sucht allerdings erst nach ein paar Jahren abhängigen Trinkens.

Da aber jeder, der mit Alkoholikern engeren Kontakt hat, in den Bannkreis und Sog der Sucht gerät, ist es wichtig, sich schon frühzeitig die Verhaltensweisen genauer anzuschauen, die auf eine Abhängigkeit deuten. Wenn Sie wissen wollen, ob jemand abhängig trinkt, ob Sie helfen können oder ob Hilfe überhaupt nützt, dann brauchen Sie genaue Informationen darüber, was Alkoholismus eigentlich ist. Die Gedanken und Erfahrungen, die Sie in diesem Buch finden, sollen Sie anregen, Ihre eigenen Vorstellungen über Alkoholismus zu überdenken. Anhand vieler Beispiele werden Sie erkennen lernen, durch welches Verhalten Mitbetroffene den Alkoholiker eigentlich in seiner Sucht «unterstützen», obwohl sie ihn davon abhalten wollen. Vor allem aber erfahren Sie, wie

Sie tatsächlich etwas verändern und wie Sie dabei vorgehen können. Sie werden Ihrem Angehörigen, Ihrem Freund oder Kollegen nur dann helfen können, wenn Sie wissen, welches Verhalten den Abhängigen überhaupt erreicht und wirksam werden kann.

Ebenso wichtig ist es, sich klarzumachen, inwieweit Sie selbst erschöpft sind, sich allein, ratlos und verwirrt fühlen, Angst haben oder im Kreis denken. All das können Folgen des Alkoholismus sein. Zur Lösung dieser Schwierigkeiten brauchen auch Sie als Mitbetroffene Unterstützung.

Alle, die mit einem Alkoholiker zu tun haben, brauchen Hilfe, um im Alltag mit den ganz banalen, immer aber schmerzlichen und dazu mit Scham verbundenen Situationen umgehen zu können. Denn das Problem ist ja nicht gelöst, wenn einem bewußt wird: Mein Mann ist Alkoholiker, meine Mutter trinkt, mein Sohn kommt vom Alkohol nicht los, mein Arbeitskollege ist abhängig. Sicher, erst mal ist es erleichternd, sich nichts mehr vorzumachen. Nur, wie lebt man dann weiter?

Es gibt keine schnelle Lösung, kein Rezept. Denn Sucht ist ein zu komplexes System. Doch die Erfahrungen anderer können Ihnen weiterhelfen. Mitbetroffene haben in den letzten 60 Jahren ausgetauscht und weitergegeben, wie man sowohl mit sich als auch mit den Menschen, die in ihrer Sucht gefangen sind, heilsam umgehen kann. Die in diesem Buch gesammelten Erkenntnisse, Einstellungen und Erfahrungen können Sie für sich nutzen. Wenn Sie in den Berichten und Beschreibungen etwas aus Ihrem Alltag wiederfinden, dann werden die angebotenen Wege Ihnen Mut machen können.

Dieses Buch ist ein «Ratgeber». Doch es kann niemand genau sagen, was er oder sie tun soll. Ich selbst habe erfahren, daß niemand mir «raten» oder für mich entscheiden kann. Ich mußte immer erst reifen, bis ich mich veränderte. Das dauerte. Im Rückblick konnte ich erkennen, daß mancher Hinweis richtig war und ich ihn nur noch nicht hören und annehmen konnte. Mancher Rat dagegen hat nur geschmerzt, und ich habe ihn weggeworfen. Ich lernte, auf die Stimme in mir zu hören, die ich viele Jahre übertönt hatte. Und ich lernte, mir Zeit zu nehmen, bis die Dinge und Entscheidungen klar werden in mir.

Niemand kann wissen, was für einen anderen das «Richtige» ist. Das kann jeder nur für sich selbst herausfinden. Aber wenn mir eine Frau z. B. erzählt, daß ihr Mann wahrscheinlich Alkoholiker ist und sie nicht weiß, wie sie weiter mit ihm und der Situation umgehen soll, so schicke ich sie nicht fort. Ich höre ihr zu. Ich werde ihr nicht sagen, was sie tun soll, aber ich werde ihr das weitergeben, was ich über Alkoholismus erfahren und gesammelt habe. Wenn sie möchte, erzähle ich ihr, wie mein Alltag mit einem Alkoholiker aussah und sich anfühlte. Ich beschreibe, wie ich in diese Probleme verstrickt war. Bei einem nächsten Treffen kann ich ihr berichten, wie ich etwas ändern und was ich dabei loslassen konnte. Während ich erzähle, sehe ich die Menschen vor mir, von denen ich vieles abgeschaut habe, die mir einiges sehr deutlich zeigen mußten und die meine Lehrer und Lehrerinnen waren. Viele haben mir ihre Geschichte erzählt, andere ihre Gedanken mitgeteilt. Dies alles gebe ich weiter.

Schließlich kann diese Frau *sich selbst einen Rat geben*. Sie hat erzählt und zugehört, nun wird sie ihre Zeit für eine Entscheidung brauchen. Einiges von dem Erzählten wird sie verwerfen, anderes später noch mal hervorholen, das eine oder andere gleich verwenden. Sie entscheidet, was ihr nützt und was nicht.

So sehe ich dieses Buch. Ich erzähle Ihnen, was ich weiß, und reiche meine Erfahrungen und die anderer weiter.

Ich habe mit vielen Menschen gesprochen, die in der einen oder anderen Weise vom Alkoholismus betroffen sind. Viele haben ausführlich von sich erzählt, einige davon habe ich – stellvertretend für andere – in diesem Buch wörtlich zitiert. Mein Wissen ist aber auch durch Anteilnahme gewachsen. Ich habe am Leben anderer teilgenommen, es miterlebt, mitgefühlt und mit ihnen zusammen nachgedacht. Ich beobachte oder analysiere nicht nur. Nichts in diesem Buch ist allein von mir. Deshalb bin ich keine «Expertin».

Ich bin eine Sammlerin von Erfahrung und Wissen, eigenem und fremdem. Jeder Beitrag ist gleich wichtig. Ich bündele alles, was mir nützlich erscheint, und biete anderen an, dieses Erfahrungswissen zu nehmen und im eigenen Leben zu nutzen.

Besonders wichtig ist mir dabei der Prozeß, in dem sich Angehörige und Mitbetroffene aus dem Bannkreis des Alkoholismus herauswinden und befreien. Diese Entwicklung habe ich bei einigen Menschen über sechs bis acht Jahre miterleben und begleiten können. Daher kann ich nicht nur vom Anfang einer solchen Genesung berichten. Ich habe gesehen, wie Mitbetroffene ihr Leben wieder in die Hand genommen haben, wie es friedlicher und glücklicher wurde. Und ich habe die Wirkung, die diese Weiterentwicklung auf die Alkoholiker hatte, miterlebt.

Ich widme dieses Buch den Frauen und Männern, die ihre Erfahrung, Kraft und Hoffnung mit mir geteilt haben, und meiner Mutter und meinem Vater.

Abschließend eine Bemerkung zur Schreibweise: Bei Begriffen wie Alkoholiker, Alkoholikerin oder Mitbetroffene, Mitbetroffener habe ich nicht dauernd beide Geschlechter erwähnen wollen. Das hätte die Lesbarkeit dieses Buches zu stark beeinträchtigt. Also habe ich mich an der Realität orientiert. Dreiviertel der alkoholabhängigen Menschen sind Männer. Ich spreche daher von *dem Alkoholiker* und *der Mitbetroffenen*. Alle Aussagen gelten natürlich ebenso für die Alkoholikerin und den Mitbetroffenen. Wann immer es möglich war, habe ich die Bezeichnung für beide Geschlechter gewählt.

Um die Anonymität meiner Gesprächspartner zu wahren, habe ich die Personennamen und einige Details geändert.

Was ist Alkoholismus?

Die Abhängigkeit erkennen

► «Im Keller, dort wo mein Mann immer bastelt, fand mein Sohn eine Schnapsflasche und fragte mich: ‹Mama, Papa trinkt, stimmt's?› Da mußte ich die Fassade fallenlassen. In dem Moment konnte ich mir selbst nicht länger etwas vormachen und auch meinem Sohn nicht so direkt ins Gesicht lügen. ‹Ja›, hab ich gesagt.» (Birgit, 35 Jahre) ◄

Alkoholismus bemerkt man in seinen Anfängen nicht, man stolpert eher darüber wie ein Blinder, dem man über Nacht die Möbel verstellt hat. In Wirklichkeit verändert sich nichts über Nacht, die Stolperstellen häufen sich seit Jahren. Doch der Alltag wird immer wieder zurechtgerückt. Ein Glas Wein am Abend oder eine Flasche Bier mit Freunden gehört für viele zum Alltagsritual. Alkoholische Getränke sind selbstverständliche Begleiter aller Feiern. Anfänglich sind die Probleme, die erst durch Alkohol verursacht werden, auch nicht leicht wahrzunehmen. Man denkt einfach nicht darüber nach, ob das Trinken des Partners für Beziehungsprobleme mitverantwortlich ist. Statt dessen streitet und verträgt man sich, redet auf den anderen ein, verspricht sich gegenseitig, daß vieles sich ändern wird: Man wird pünktlich nach Hause kommen, die Kinder abholen, Versprechen halten, zuverlässig sein. Man stimmt sich ab und macht Kompromisse wie andere Paare auch.

Erst im Rückblick sieht man die Ursache für Streit und Kummer: Der andere trank. Alle, die mit Alkoholikern zu tun haben, können sich später an die Anfänge der Schwierigkeiten erinnern. Probleme wurden plötzlich nur noch einseitig angesprochen und nicht geklärt. Jüngere Menschen schwänzten die Schule, ältere fehlten häufig am Arbeitsplatz oder kamen erst spät nach Hause. Schwierigkeiten wurden verschwiegen, Einsamkeit und Trauer, z. B. nach einer Trennung, überspielt. Es gab öfter Stellenwechsel und Umzüge. Magenprobleme, Gewichtsveränderungen und Schlafstörungen häuften sich. Auf Unsicherheit folgte übertriebene Bravour. Viele zogen sich in Schweigen zurück oder überraschten mit Weinanfällen oder Streitereien. Die raschen Stimmungs-umschwünge wirkten auf alle in der unmittelbaren Umgebung wie ein Wechselbad.

▶ «Wenn man ihn damals sah, dann paßte er nicht in das Bild vom Alkoholiker, er hat ja nicht gelallt oder ist hingefallen. Es war auch nicht so, daß er torkelte. Er war nur manchmal so unterschiedlich in seinem Verhalten, z. B. konnte er 22 Stunden wach bleiben und nur zwei Stunden schlafen, und dann gab es Zeiten, wo er nur im Bett lag. Rückwirkend weiß ich jetzt, warum.» (Anna, 60 Jahre, einer ihrer Söhne ist Alkoholiker) ◀

Doch all diese Verhaltensweisen findet man bei vielen Menschen, ohne daß sie abhängig trinken. So bleibt das eigentliche Problem den Mitbetroffenen lange Zeit verborgen: die Alkoholabhängigkeit. Fängt man schließlich an, sich wegen des Alkoholkonsums eines Menschen, der einem nahesteht, Sorgen zu machen, dann wahrscheinlich zu Recht. Aber der Gedanke, eine Angehörige, ein Freund, ein Kollege könnte alkoholabhängig sein, verschwindet anfangs schnell wieder. Denn im Bereich der Sucht breitet sich eine Art Nebel aus, der es jedem schwermacht, die Wirklichkeit, so wie sie ist, zu sehen. Selbst Menschen, die viel über Alkoholismus wissen, z. B. Ärzte und Krankenschwestern, bemerken oft erst nach langer Zeit, daß jemand, den sie gern haben, abhängig ist. So erging es Anna:

▶ «Ich hab immer geglaubt, mein Sohn ist manisch depressiv. Als Krankenschwester kannte ich mich doch aus. Wir hatten auch die ‹Spritis› auf der Station, wie wir sie nannten. Ich meinte eine ganze Menge davon zu verstehen. Doch wenn's einen selber betrifft, dann ist man genauso hilflos wie alle anderen, auch in seinen Gefühlen. Und daß sein Verhalten mit seinem Trinken zu tun hatte, hab ich ganz lange nicht gesehen.» (Anna, 60 Jahre) ◀

Alkoholismus ist ein Stigma und ein Tabu, beladen mit negativen Urteilen, die auch die Angehörigen und Partner treffen. Der Begriff «Alkoholiker» gleicht einer Aburteilung und stellt die Abhängigen und ihre Familien außerhalb jedes normalen Umgangs. Alkoholismus wird noch immer als etwas Unmoralisches angesehen. Wer säuft, der ist verkommen. Da will man beinahe «lieber» an psychische Krankheiten oder Geistesstörungen glauben, als das verächtliche Stigma – er oder sie ist alkoholabhängig – hinzunehmen. So werden Selbstmordversuche von Alkoholabhängigen eher als Folge einer «psychischen Krankheit» gedeutet, als daß ein dahinter verborgenes Alkoholproblem erkannt wird.

Ein Alkoholabhängiger verändert sich im Laufe der Jahre in seinem Wesen. Anderen Menschen gegenüber erweist er sich durchaus als eine charmante, kluge Person, zu Hause aber ist er streitsüchtig, nörgelnd und desinteressiert, manchmal sogar gewalttätig. Doch viele Mitbetroffene sind nicht in der Lage, den wahren Grund dieser Veränderungen zu erkennen. Wenn man eine alkoholabhängige Person liebt, mit ihr lebt oder nah mit ihr zu tun hat, dann spielt sich etwas Merkwürdiges in einem ab: Jeder hat in sich ein Bild, wie ein Alkoholiker oder eine Abhängige aussieht und sich verhält. Dieses Bild entsteht durch Beispiele aus der Nachbarschaft, dem Fernsehen oder Büchern und Illustrierten. Stück für Stück setzt sich ein detailliertes inneres Mosaik zusammen. Allerdings werden wichtige Informationen, die man z. B. in der TV-Sendung «Gesundheitsmagazin Praxis» kennengelernt hat, unter Umständen nicht mit in das Bild übernommen. Anhand dieses inneren Mosaiks wird nun die konkrete Realität überprüft. Oftmals halten wir allerdings nur die Personen für alkoholgefährdet oder -abhängig, die unserem Bild ganz genau entsprechen. Wenn nur einige Mosaiksteinchen nicht passen, wenn also das Verhalten unserer Mutter, unseres Partners oder Sohnes nur ein wenig anders ist, dann weigert sich unser Verstand lange Zeit, die Abhängigkeit zu erkennen.

Dieser Vorgang bleibt in der Regel unbewußt. Niemand hält sich die Hand vor Augen und sagt: «Ich will das, was da bei uns abläuft, nicht sehen, die Folgen nicht bemerken und auch gar nicht erkennen, was los ist.» Das Verleugnen der Realität ist zunächst eine normale Reaktion für alle, die abhängig sind oder mit Abhängigen zu tun haben. Es hilft einem, den ursprünglichen Zustand wenigstens in der eigenen Vorstellung noch eine Weile festzuhalten. Weil der Schock der Realität so groß ist, reagieren wir mit Mechanismen, die uns helfen, die Wahrheit herunterzuspielen, die Probleme kleiner zu machen, sie nicht als so bedeutsam anerkennen zu müssen. So sorgt man sich, anstatt das Trinken selbst als das eigentliche Problem in den Mittelpunkt zu rücken, ausschließlich um die Folgen des Betrunkenseins. Man sieht den Wald nicht, weil man die Bäume zählt.

▶ «Über das Trinken redeten wir nicht, über die Folgen wohl. Mein Vater hatte einen Autounfall verursacht, und man hatte ihm den Führerschein abgenommen. Das Auto war auch kaputt. Darüber wurde dann gesprochen, wann das Auto fertig sei und so, aber direkt über Alkohol wurde nicht gesprochen...Der war mehr oder minder ein Tabuthema. Wir haben eigentlich kaum darüber geredet.» (Tim, 15 Jahre) ◀

▶ «Ich war so naiv und hab ihm gesagt: Gell, wenn wir verheiratet sind, dann gehst nicht mehr in die Kneipe. Er hat nichts dazu gesagt. Ich hab gedacht, na ja, das wird schon. Schon im ersten halben Jahr unserer Ehe ist er jeden Abend weggegangen. Ich hab das immer entschuldigt, seine Mutter hat ihn zu kurzgehalten, er muß raus, braucht seine Freiheit, will sie genießen, ich fand immer Gründe, warum er in die Kneipe gehen mußte.» (Angelika, 40 Jahre) ◀

Wer die Realität verleugnet, will sich und seine Umgebung nicht bewußt täuschen. Anders als bei einer Lüge, die immer die Wahrheit verheimlichen will, stellt sich beim Verleugnen erst nachträglich, wenn man die Realität schließlich doch akzeptieren mußte, heraus, daß man sich schon lange etwas vorgemacht hat. Eine Zeitlang wirkt das Verleugnen wie eine Druckausgleichskammer, die einen langsam an die neue Situation gewöhnt. Dies ist wichtig, um in einer schwierigen Situation überhaupt noch handeln zu können. Wer alles auf einmal deutlich erkennen würde, den könnte der Schock handlungsunfähig oder krank machen.

So verschafft einem das Verleugnen einen letzten Schonraum, um sich an eine fast unerträgliche Wahrheit zu gewöhnen. Und auch das gesellschaftliche Urteil, das ja sowohl die Abhängigen als auch ihre Angehörigen trifft, verstärkt den Wunsch, die sich abzeichnende Entwicklung zu verdrängen.

Man möchte dem drohenden Unheil so lange wie möglich ausweichen und hofft noch immer, daß alles gar nicht wahr sei. Denn niemand freut sich über die Erkenntnis: «Jetzt weiß ich, was los ist, mein Mann, meine Freundin, mein Kollege ist Alkoholiker!»

Alkoholismus ist eine Krankheit

Im Urteil der Gesellschaft gelten Alkoholiker oft als «haltlose Versager».
Sie werden geringgeschätzt und verachtet. Viele, die nur flüchtige Kontakte mit Alkoholikern haben, glauben, daß Alkoholismus allein eine
Frage des Willens sei. Wer wirklich wolle, der werde sein Alkoholproblem schon in den Griff bekommen, so meinen sie. Doch diese Ansicht ist
falsch. Alkoholiker sind nicht die willensschwachen Menschen, für die
sie gehalten werden. Es ist nicht richtig, daß Alkoholiker nur an sich
denken und verantwortungslos sind. Zugegeben, sie verhalten sich häufig genau so. Doch bevor man sich ein Urteil über Alkoholiker erlauben
kann, sollte man bereit sein, sich genauer zu informieren. Denn diese
Menschen sind krank, alkoholkrank. Das ist heute weltweit anerkannt
und wird auch von deutschen Krankenkassen und Gesundheitsministerien nicht bezweifelt. Auch beim deutschen Bundessozialgericht hat sich
diese Auffassung durchgesetzt. In einem Grundsatzurteil stellten die
Richter fest, daß Alkoholismus eine Krankheit im Sinne der Reichsversicherungsordnung sei. Dabei wurden drei Komplexe als Nachweis angeführt:

▶ «a) Am eindeutigsten ist die Krankheit Alkoholismus erkennbar an
den sogenannten Intoxikationsfolgen, das heißt an den Vergiftungsschäden, die der Alkohol an Leber, Magen und am zentralen oder peripheren
Nervensystem verursacht. Hier bedarf es keines weiteren Beweises, daß
ein krankhafter, von der Norm abweichender Zustand vorliegt.

b) Ein solcher regelwidriger Zustand liegt aber auch eindeutig bei dem
vor, der vom Selbstkontrollverlust oder von der Unfähigkeit zu abstinieren betroffen ist. Bestimmte Brems- und Steuerungsvorgänge gegenüber dem Suchtmittel sind nicht mehr möglich, und durch eine Behandlung kann dieses Steuerungsvermögen auch nicht zurückgewonnen
werden.

c) Etwas schwieriger wird die Anwendung des Krankheitsbegriffs auf
die süchtige Fehlhaltung oder Primärerkrankung, die wir heute als Disposition für eine Suchterkrankung ansehen.»[2]   ◀

Die Art der Erkrankung eines Alkoholikers ähnelt der von Diabetikern
oder Allergikern. Bei allen drei Krankheitsbildern lösen Mangel oder
Übermaß einer bestimmten Substanz im körpereigenen Stoffwechsel
schwere Symptome aus, die die Gesundheit gefährden. Ein Diabetiker

muß seinen Insulinspiegel kontrollieren, ein Allergiker die auslösende Substanz vermeiden, dann können beide fast normal weiterleben. Ebenso könnte man annehmen, daß der Alkoholiker nur seinen Alkoholkonsum einschränken oder ganz aufgeben müßte, und das Problem wäre gelöst. Doch hier zeigt sich der Unterschied zu den beiden anderen Krankheiten. Kein abhängig Trinkender kann seinen Alkoholgebrauch auf Dauer kontrollieren oder das Trinken einfach seinlassen, auch wenn die völlige Abstinenz von Alkohol Voraussetzung dafür ist, auf Dauer wieder ein normales Leben führen zu können.

Es bleibt die Frage, ob die Feststellung, daß Alkoholismus eine Krankheit ist, wirklich eine gute Nachricht für Angehörige und Freunde ist. Heißt das nicht, noch mehr Verständnis haben zu müssen, sich selbst noch mehr zurücknehmen, noch mehr die Dreckarbeiten machen zu müssen und bis auf weiteres allein dazustehen? Trotz solcher manchmal nicht unberechtigter Befürchtungen hat diese Feststellung etwas Entlastendes. Denn viele Mitbetroffene fühlen sich schuldig. Das gilt vor allem für Partner, Eltern und Kinder von Trinkenden. Sie glauben oft, etwas grundlegend falsch gemacht zu haben, nicht liebevoll oder nicht streng genug gewesen zu sein, zuwenig Zeit gehabt oder zuwenig miteinander geredet zu haben. Dabei vergessen sie häufig, daß auch andere Menschen nicht immer eine glückliche Kindheit hatten, daß in jeder Partnerschaft Probleme auftauchen und Alltagssorgen oft nicht einfach zu lösen sind. Viele Menschen, die in ebenso schwierigen Situationen stecken, trinken wegen solcher Probleme nicht. Andere greifen nur selten oder nie zu Alkohol, um mit einer unangenehmen Lage klarzukommen.

Wer akzeptieren kann, daß Alkoholismus eine Krankheit ist, der wird damit auch von seinen Schuldgefühlen entlastet. Mitbetroffene sind nicht verantwortlich für das Trinken ihres Partners, ihrer Eltern oder Geschwister. Auch Eltern haben keine Schuld am Trinken ihrer Kinder. Sie haben in der Regel genauso viele «Fehler» gemacht wie andere Eltern auch und versucht, ihren Kindern all das zu geben, was sie geben konnten. Die Probleme des Alltags machen niemanden zum Alkoholiker. Was den Abhängigen veranlaßt, wieder zu trinken, spielt letztlich keine Rolle. Er wird immer Gründe nennen können, die er zu seiner Entlastung braucht. Doch nicht die vielfältigen Anlässe – einzig die Tatsache, daß er weiterhin Alkohol trinkt, obwohl die Auswirkungen ihm und anderen massiv schaden, macht ihn zum Alkoholiker.

Je nach Krankheitsgrad verändert sich ein Alkoholiker auch in seinem

Wesen. Für Mitbetroffene ist es erleichternd zu wissen, daß ein abhängig Trinkender nicht schlecht, gemein oder charakterlos geworden ist. Seine Verhaltensweisen sind weitgehend Symptome der Krankheit, vor allem wenn sie sich von seinem früheren Verhalten unterscheiden. Niemand verurteilt z. B. einen Krebskranken, wenn dieser, durch die Krankheit und die damit verbundenen körperlichen und psychischen Schmerzen gereizt, ungeduldig und ungerecht wird. Man tröstet sich mit dem Gedanken: «Er ist krank, er kann nichts dafür. Er hat so große Schmerzen. Sonst ist er eigentlich ein lieber Mensch.» Alkoholismus ist eine sehr häßliche Krankheit, und scheinbar ist das eigentlich Quälende das Verhalten des Abhängigen. Dennoch verdient der Alkoholiker Mitleid und Achtung, die wir jedem Kranken entgegenbringen. Denn diese negativen Verhaltensänderungen sind eine Folge seiner Krankheit und nicht deren Ursache. Auch wenn diese Einstellung im Moment schwer nachzuvollziehen ist und man Unterstützung braucht, um sie in die Praxis umzusetzen, so gibt dies schon einen ersten Hinweis, in welche Richtung Hilfe zielen kann. Ein «trockener» Alkoholiker ändert sich charakterlich völlig und kann wieder der verläßliche und liebevolle Mensch werden, der er früher schon war. Und wenn immer schon schlecht mit ihm auszukommen war, so wird er vielleicht jetzt, da er sich mit seiner Alkoholabhängigkeit konfrontiert hat, ein umgänglicher und zuverlässiger Mensch.

Der Begriff «Krankheit» kann bei Mitbetroffenen Hoffnung wecken. Wo Krankheit ist, da gibt es oft auch Heilung. Alkoholismus kann zwar nicht endgültig geheilt werden, aber die Krankheit kommt zum Stillstand, wenn der Abhängige nicht mehr trinken muß. Abstinent leben ist die Voraussetzung dafür, um auch geistig und psychisch wieder gesund werden zu können. Jeder Abhängige hat die Möglichkeit, nach einer gewissen Zeit, in der er sicherlich einiges an sich ändern muß, glücklich und zufrieden zu leben.

Viele Fragen bleiben offen, auch wenn man diese ersten Fakten über Alkoholismus kennengelernt hat: Warum hört er nicht mit dem Trinken auf? Er wird noch seine Arbeit verlieren und sich selbst langsam, aber sicher zerstören. Warum trinkt sie weiter, wir könnten es doch so schön haben? Kann er nicht mir zuliebe oder wegen der Kinder, der Eltern aufhören? Liebt er uns denn gar nicht mehr? Bedeuten wir ihm gar nichts? Wie kann er uns das antun, sieht er nicht, wie wir darunter leiden?

Hinter den Fragen spürt man, kaum verdeckt, wie viele schlimme Tage und Nächte Mitbetroffene erlebt haben, wie oft sie enttäuscht worden sind, wie verbittert sie zurückbleiben und wieviel Angst sie fühlen. Dazu kommt die Wut über die verrückte Situation, in der man sich gefangen fühlt: Der Alkoholiker könnte alles zum Guten wenden, würde er nur mit dem Trinken aufhören. Wie durch einen Zauber wäre alles gut. Leider braucht man tatsächlich fast einen Zauber, damit alles «wieder gut» wird. Es gibt kein Medikament gegen die Sucht, denn Alkoholismus ist eine Abhängigkeitserkrankung. Bei jeder Abhängigkeit sind Körper, Geist und Seele betroffen. Der ganze Mensch ist krank, und alle drei Bereiche müssen heilen.

Will man von der Alkoholabhängigkeit loskommen, so liegt das Hauptproblem am Anfang darin, daß eine alkoholkranke Person nicht einfach aufhören kann. Die Gründe für diese Schwierigkeiten klären sich, wenn man das komplizierte System der Sucht nach Alkohol begreift. Wie wird jemand Alkoholiker, und was bedeutet Abhängigkeit?

Warum wird jemand Alkoholiker?

Erstens: Man kann nur dann Alkoholiker werden, wenn man trinkt. Zweitens: Das allein reicht nicht aus, sonst wäre der größte Teil der Bevölkerung abhängig. Was also ist die Ursache dafür, daß eine Person abhängig wird, die andere nicht?

Alkoholismus ist eine sehr komplizierte Krankheit. Bis heute gibt es keine wissenschaftlich bewiesene Erklärung über die Ursachen und Ursprünge dieser Erkrankung. Aber auf Grund von Beobachtungen und Forschungen der letzten 60 Jahre verfügen wir inzwischen über eine Reihe von Hypothesen, Vermutungen und Theorien, die uns helfen, das Phänomen Alkoholismus besser zu verstehen.

Viele Menschen bevorzugen alkoholische Getränke gerade wegen des Effekts, den sie auf das Befinden haben. Alkohol ist eine dämpfende Droge und wirkt – genau wie ein starkes Beruhigungsmittel – auf unser zentrales Nervensystem. Unserem Körper ist es also gleich, ob wir eine Beruhigungstablette, eine dämpfende Droge oder Alkohol zu uns nehmen. Die oft als «anregend» beschriebene Wirkung des Alkohols kommt erst mittelbar durch das Betäuben von Hemmungen und Ängsten zustande, so daß man sich energiegeladener fühlt. Mit Hilfe von Alkohol lassen sich auch Spannungen, die im Alltag auftreten, abbauen. Diese «Nutzung» ist gesellschaftlich weitgehend anerkannt. Getrunken wird ja auch nur hin und wieder, um das rechte Maß an Zufriedenheit und innerer Ruhe zu erreichen oder um gelegentliche körperliche Beschwerden zu bekämpfen. «Ein Gläschen Sekt für den Kreislauf, ein paar Gläser Wein oder Bier zum Einschlafen.»

Für 10 bis 15 Prozent der Bevölkerung bleibt es nicht bei dem gelegentlichen Erleichterungstrinken. Die einen sind durch eine möglicherweise körperliche Prädisposition (der Körper reagiert besonders sensibel auf Alkohol) schon sehr schnell in die Abhängigkeit geraten. Die anderen erleben, wie ihre Probleme, Spannungen und Beschwerden für einige Stunden Pause machen, und lernen, dieses einfache und überall verfügbare Mittel immer zu benutzen, wenn sie unruhig werden oder sich gereizt und unwohl fühlen. Sie werden mit der Zeit abhängig. Bei Jugendlichen und alten Menschen geht das sehr schnell. Frauen brauchen ebenfalls geringere Mengen und weniger Zeit als Männer, um alkoholkrank zu werden.

Der Sohn eines alkoholabhängigen Vaters ist viermal mehr gefährdet, Alkoholiker zu werden, als jemand mit einem nichtabhängigen Vater. Ähnliches gilt für Töchter von alkoholkranken Müttern.[3] Auch die Zwillingsforschung belegt eine mögliche genetische Disposition: Jungen, deren leiblicher Vater Alkoholiker war und die bei nichtabhängigen Adoptivvätern aufwuchsen, hatten das gleiche erhöhte Risiko wie ihr Zwillingsbruder, der bei dem Alkoholikervater aufwuchs.[4] Kinder von Alkoholikerinnen können schon während der Schwangerschaft geschädigt worden sein. Möglicherweise hat sich auch das Sperma von abhängigen Männern durch starken Alkoholgebrauch verändert. Es gibt also einige Hinweise auf eine mögliche genetische Disposition von Alkoholismus. Man spricht jedoch nicht von direkter Vererbung, sondern nur von einer Prädisposition.

Forscher betonen in Diskussionen über die Ursprünge von Alkoholismus, daß das Modellverhalten von Eltern eine weitaus größere Rolle spiele als mögliche genetische Ursachen. Vater oder Mutter haben ihren Kindern vorgemacht, auf welche Art sie mit Konflikten, schwierigen Situationen und Hemmungen umgingen: «Laß mich in Frieden, ich geh zu...» (in die nächste Kneipe oder in den Keller). «Kannst mir nicht etwas Ruhe gönnen, ich trinke jetzt erst mein Glas Wein.» – «Komm, trink was, steh hier nicht so langweilig rum!» Erwachsene, die bei einem alkoholkranken Elternteil aufgewachsen sind, mußten als Kinder und Jugendliche mit der Unbeständigkeit ihrer Welt klarkommen, mit unberechenbarem Verhalten und extremen emotionalen Ausbrüchen. Weder Jungen noch Mädchen hatten jemals vor, «so wie Vater» oder «so wie Mutter» zu werden. Dennoch übernehmen sie häufig nur leicht variierte Formen elterlichen Verhaltens. Sie nehmen ihre eigene Alkoholgefährdung nicht wahr, da sie anders als z. B. der Vater nur ausgesuchten Wein statt Schnaps zu sich nehmen oder nur zu Hause und auf Festen trinken statt in der Kneipe. Ihr Trinkverhalten paßt nicht zu ihrem Mosaikbild eines Alkoholikers. Den Herausforderungen des Lebens begegnen sie jedoch unbewußt auf die gleiche Art wie der abhängige Elternteil.[5]

Der Beginn der Sucht

Auch wenn der Ursprung der Alkoholabhängigkeit noch nicht erforscht ist, so weiß man schon viel darüber, was im Körper eines Alkoholikers passiert. Die wichtigste Feststellung ist, daß ein Abhängiger anders auf Alkohol reagiert als ein «normal trinkender» Mensch.

Wie jede Nahrung wird auch Alkohol im Körper umgewandelt und anschließend in Grundbestandteile wie Zucker, Wasser und Kohlendioxyd aufgespalten. Für diese Prozesse braucht der Körper bestimmte Enzyme (Isoenzym I) und Vitamine. Nach der ersten Stufe der chemischen Umwandlung von Alkohol entsteht im Körper Acetaldehyd. Dieser umgewandelte Alkohol hat es in sich! Bei manchen Menschen baut sich Alkohol langsam ab. In ihrem Körper kommt es plötzlich zu einer stark erhöhten Konzentration von Acetaldehyd, die mit einer leichten Vergiftung gleichzusetzen ist und zu Kopfschmerzen, Übelkeit und Benommenheit führt. Solche Menschen werden selten zu Alkoholikern, da die unangenehmen Nachwirkungen sofort und heftig einsetzen.[6] Bei allen anderen Menschen, die nicht abhängig sind, wird Alkohol recht schnell in seinen verschiedenen Stufen abgebaut. Nur bei körperlich gefährdeten Menschen mit einer Alkoholismus-Prädisposition bleibt Acetaldehyd in geringfügig erhöhter Konzentration für längere Zeit im Körper. Das ist bei vielen Alkoholikern schon nach einer durchschnittlichen Anpassungsphase von etwa vier Wochen der Fall. «Dadurch wird die Bildung von körpereigenen Opiatvorläufern begünstigt. Das führt zu einem euphorischen Zustand mit gesteigertem Wohlbefinden, gleichzeitig steigt das Verlangen nach Alkohol an.»[7] Einige Wissenschaftler führen das bei einem Teil der Trinkenden auf eine geringe Menge und Qualität ihrer Enzyme und/oder Vitamine zurück.

Die Reaktion des Körpers auf Acetaldehyd ist zwangsläufig. Sie ist vergleichbar der Reaktion auf ein stark gewürztes Essen. Nach einem solchen Essen ist der Körper durstig, er braucht Flüssigkeit. In diesem Fall ist Wasser ausreichend, um den Durst zu löschen. Doch wenn der Körper oft und über längere Zeit einen leicht erhöhten Acetaldehydspiegel hat, verlangt er nach Alkohol, also nach mehr Acetaldehyd. Dieser Zusammenhang setzt die körperliche Sucht in Gang. Hierbei spielt es keine Rolle, ob die Abhängigkeit durch langjähriges starkes Trinken oder durch eine schnellere Reaktion auf Alkohol entstanden ist. Der Körper ist abhängig geworden. Wir befinden uns hier in einem Grenzgebiet, in dem körperliche und seelische Faktoren in Wechselwirkung miteinander stehen. Es ist bekannt, daß Erfahrungen, z. B. als Kind abgelehnt oder verlassen worden zu sein, sich grundsätzlich im Endorphin- oder Hormonstoffwechsel ausdrücken. Körperliche Gegebenheiten können somit seelischen Ursprungs sein; umgekehrt drücken sich Verletzungen der Psyche auch im Hormonstoffwechsel aus.

Alkoholiker brauchen nach dem ersten Glas noch ein weiteres und dann noch eins. Eine Reihe von ihnen scheint über Jahre hinweg viel zu vertragen. Dieser ständig steigende Alkoholkonsum hat seinen Grund darin, daß Alkoholismus eine fortschreitende Krankheit ist. Die zunehmende Gewöhnung an mehr und mehr Alkohol erzeugt ein immer stärkeres Suchtverlangen. Nach vielen Jahren des abhängigen Trinkens genügt allerdings oft schon eine kleine Menge Alkohol, weil der Körper die Droge nicht mehr schnell genug verarbeiten kann. Diese körperliche Seite der Abhängigkeit führt dazu, daß Alkoholiker auch dann noch das nächste Glas Bier, Wein oder Schnaps trinken, wenn sie eigentlich schon längst hätten aufhören wollen.

Einmal in Gang gesetzt, tritt diese körperliche Reaktion auch noch nach Jahren, in denen der Alkoholiker «trocken» (d. h. ohne Alkohol) gelebt hat, ein. Ein Alkoholiker kann nie wieder «normal» mit Alkohol umgehen, nie wieder nur mal ein Glas Alkohol trinken, ohne daß er entweder sofort oder nach einiger Zeit wieder abhängig trinken wird. Will er seine Nüchternheit bewahren, darf er kein einziges Glas Alkohol mehr trinken. Sonst müßte er alle Stufen, die notwendig sind, um die Sucht zum Stillstand zu bringen, noch einmal durchleben. Auch die Arbeit an sich selbst begänne noch einmal von vorn.

Wenn man sich mit heute «trockenen» Alkoholikern unterhält, dann erfährt man, daß sie, lange bevor sie mit dem Trinken aufhören konnten, den Vorsatz hatten, nicht mehr so viel, nicht so häufig, nicht so schädigend und beschämend zu trinken. Viele lernten z. B. bei einem Entzug, daß sie eine Krankheit haben, die ihnen nicht erlaubt, weiterzutrinken. Sie konnten wohl einsehen, daß es besser wäre, ganz und gar aufzuhören. Doch aus eigener schlimmer Erfahrung meinten sie, sich ein Leben ohne Alkohol nicht vorstellen zu können. Sie hatten Angst – nicht vor den Entzugserscheinungen, die treten erst in einem ziemlich späten Stadium auf. Sie hatten Angst davor, dieses Leben ohne den «Tröster» Alkohol aushalten zu müssen, und fürchteten sich vor der eigenen unerklärlichen Schwäche, die sie überfiel, wenn es um Alkohol ging. Eine Schwäche, die sie selbst nicht verstanden und die sie bekämpften.

Alkoholiker brechen immer wieder die Versprechen, die sie Angehörigen oder Freunden geben, vor allem wenn es sich darum handelt, in Zukunft nicht mehr zu trinken. Sie brechen sie auch dann, wenn sie sich selbst ehrlich vornehmen, mit dem Trinken aufzuhören. Mitbetroffene sind tagtäglich Zeugen dieser mangelnden Willenskraft eines Abhängigen, wenn es sich um Alkohol handelt. Eine alkoholkranke Frau kann unter Umständen noch ein eigenes Geschäft führen und in der Lage sein, allein durch Willensstärke weiterzuarbeiten, weil sie weiß, daß dieses Geschäft ihre Lebensgrundlage ist. Sie trifft vielerlei Entscheidungen und ist in der Lage, die Konsequenzen ihres Handelns abzusehen. Sobald es aber um Alkohol geht und sie sich entscheiden müßte, mit dem Trinken aufzuhören, reicht ihre Willenskraft nicht aus.

Am Anfang will ein abhängig Trinkender gar nicht aufhören, ihm gefällt der Effekt, den das Trinken hat. Es schmeckt ihm, er fühlt sich gut und spürt, daß einige Probleme plötzlich kleiner geworden, Ängste und Spannungen verschwunden sind. Am Anfang macht Trinken Spaß. In dieser ersten Zeit ist den wenigsten die Gefahr bewußt, daß sie die feine Grenze zum Erleichterungstrinken schon überschritten haben und Abhängigkeit droht. Wenn dann der Zwang kommt, wenn das Leben nur mit der Sherryflasche am Nachmittag, mit der halben Flasche Wein oder den drei Flaschen Bier am Abend auszuhalten ist, dann kommt schon mal der Gedanke aufzuhören, aber nun erlebt der abhängig Trinkende den psychischen Teil der Krankheit. Zuerst findet er immer neue Gründe, warum er gerade jetzt etwas trinken sollte. Andere haben schuld, weil sie sich nicht so verhalten, wie sie es sollten. Der Chef, der Busfahrer oder die Freundin haben etwas Falsches gesagt. Die Mutter ist krank, das Geschäft läuft schlecht, oder es muß etwas gefeiert werden. Man muß sich einfach mal etwas «Gutes» tun. Man meldet sich für den Festausschuß und geht zu Veranstaltungen. Man kann sich angeblich nicht ausschließen, Schnaps gehört zum Stammtisch, der Sekt zur Begrüßung, die Flasche Wein zur Gemütlichkeit, das Bier zu den Freunden. In der Geschichte seiner Alkoholabhängigkeit ist dies der erste Akt, den der Trinkende aufführt. Manchmal überzeugt ihn der Text selbst nicht recht, z. B. wenn er noch einen Kater hat und ihm wenigstens für einen Moment klar wird, daß das Trinken gefährlich ist und all seine Begründungen nur Ausreden sind, um weitertrinken zu können. Doch dann setzt das Verleugnen wieder ein.

Auf die anfänglichen (Selbst-)Täuschungsmanöver folgt der zweite Akt: Nach dem Verleugnen kommt das Vergessen. Viele Alkoholiker berichten, daß plötzlich die schlimmen Folgen, die das Trinken mit sich gebracht hat, alle Gedanken an Versprechen, an ihr beschämendes Verhalten und an den Katzenjammer hinterher in den Hintergrund rücken und meist völlig verschwinden. Ein einziger Gedanke ergreift von ihnen Besitz: «Es geht mir sofort gut, wenn ich nur ein Glas trinke. Ein Glas nur, mehr braucht es nicht zu sein!» Das Problem dabei ist, daß ein Abhängiger auf Dauer nie nur ein Glas trinkt. Das körperliche Suchtverlangen setzt ein, und es muß zwanghaft weitergetrunken werden. Auch wenn es anfänglich gelingt, nur wenig zu trinken, so kommt an einem der nächsten Tage der Gedanke: «Das Trinken hat mir beim letzten Mal nicht geschadet, es geht also doch.» Oft beginnt dann für Tage oder Monate das «kontrollierte» Trinken, d. h. das Trinken nach selbstgesetzten Regeln. Damit will ein Alkoholiker sich und anderen «beweisen», daß er das Trinken unter Kontrolle hat: Es wird nur noch Bier, selten Cognac oder Schnaps getrunken, man trinkt nur noch abends, nie vormittags, nie im Dienst, nie mehr allein, nur noch allein oder nur noch Bio-Wein. Einige Alkoholiker zählen die Anzahl der Gläser, die sie trinken, und wollen nie mehr als ein, zwei Glas zu sich nehmen. Sie joggen am Abend und trinken erst anschließend. Der Einfallsreichtum, mit dem sich Abhängige vormachen, sie hätten kein Alkoholproblem, ist unerschöpflich. Jeder Versuch einer alkoholkranken Person, «kontrolliert» zu trinken, scheitert; alle Regeln werden nach einiger Zeit wieder gebrochen. Im Gegenteil, Versuche, «kontrolliert» zu trinken, sind eher Hinweise für eine beginnende Abhängigkeit. Wenn man eine alkoholabhängige Person fragt, warum sie nach einigen Wochen, in denen sie es tatsächlich geschafft hat, «trocken» zu bleiben, plötzlich doch wieder trinkt und damit die Beziehung oder den Job gefährdet, dann kann sie meist gar keinen Grund angeben. Es ist halt passiert. Das ist noch die ehrlichste Antwort. Jemand hat ihm oder ihr ein Glas angeboten, mehr war nicht. Meistens jedoch werden Lügen erzählt, an denen die Alkoholiker auch vor sich selbst festhalten.

In Akt drei versucht ein Alkoholiker sich und den anderen im nachhinein plausibel zu machen, was unerklärlich zu sein scheint. Da sucht und findet er dann Gründe, bei denen immer die anderen «schuld haben», daß er trinkt. Kennzeichnend für diesen dritten Akt ist, daß das Trinken zunehmend keinen Spaß mehr macht. Man braucht den Alkohol, weil sonst die innere Unruhe, die jetzt immer da ist, einfach zu groß wird.

Alkoholismus ist eine heimtückische Suchtkrankheit, die einen vorhersehbaren Verlauf mit all den bekannten körperlichen, geistig-seelischen und sozialen Folgen nimmt. Auch wenn sich die Krankheit in so verschiedenen Variationen zeigt, Schnapssäufer oder Weinkennerin, Frauen, die wenig Alkohol brauchen und gleich einschlafen, Männer, die sich am Morgen danach fragen, wie sie nach Hause gekommen sind, weil sie einen «Filmriß» hatten: Die Veränderungen sind auf lange Sicht bei allen gleich.

Der amerikanische Arzt Prof. Jellinek hat die geistigen, seelischen und körperlichen Aspekte des Alkoholismus in seinen verschiedenen Phasen dargestellt. Er beginnt mit den *ersten Anzeichen*, die oft von Trinkenden und Mitbetroffenen gar nicht bemerkt werden. Ihnen folgt die *kritische Phase*, in der der körperliche Zwang zum Trinken eingesetzt hat und bei vielen die Kontrollverluste zunehmen. Jellinek beschreibt die häufigen Persönlichkeitsveränderungen und zeichnet den Verlauf der Krankheit nach bis hin zur *chronischen Phase*, in der nur noch der Alkohol im Mittelpunkt steht. In dieser Phase hat sich der Mensch, den man einmal gekannt hat, völlig verändert, und oftmals wünschen Mitbetroffene dem Kranken nur noch den Tod als Erlösung. Diese Auflistung endet beim Delir, bei der irreparablen Zerstörung wichtiger Teile des Gehirns und verschiedener Organe, vor allem der Leber, und schließlich beim Tod. Denn Alkoholismus ist eine tödliche Krankheit. Die von Jellinek schon in den vierziger Jahren formulierte Beschreibung der Krankheit Alkoholismus wurde von der Weltgesundheitsbehörde als Grundlage einer Diagnose anerkannt und ist bis heute gültig.

Eine moderne Variante der Definition von Alkoholismus findet sich im Computernetz CompuServe:

▶ «Je nachdem, wie man Alkoholismus definiert – und das ist kein einfaches Thema –, kann man sagen, daß diese Erkrankung bis zu zehn Prozent der männlichen und etwa fünf Prozent der weiblichen Bevölkerung beeinträchtigt. Alkoholismus kann während aller Lebensphasen auftreten. Manchmal fängt er schon in der Jugend an und setzt sich dann fort. Oft beginnt er im Erwachsenenalter im Zusammenhang mit einer Depression oder anderen Belastungen. Schließlich kann Alkoholismus auch eine Krankheit mit Unterbrechungen sein, mit Zeiten, in denen Kontrolle über das Trinken möglich ist, abgelöst von Phasen, in denen die Kontrolle wieder aufgegeben wird.

Für unsere Absichten kann man Alkoholismus definieren als eine Art, Alkohol zu trinken (welchen auch immer), die den Trinkenden wiederholt, dauerhaft und nachhaltig in seiner physischen oder psychischen Gesundheit beeinträchtigt. Dies ist notwendigerweise eine weite Definition, und die genaueren Umstände der jeweiligen gesellschaftlichen Gruppe oder des Umfelds müssen miteinbezogen werden. Fast jede Definition läßt sich aus verschiedenen Blickwinkeln kritisieren. Aber die folgenden Kriterien können Ihnen vielleicht helfen, einen alkoholabhängigen Menschen zu erkennen. Wenn eine oder mehrere dieser Beschreibungen zutreffen, ist die Wahrscheinlichkeit groß, daß die betreffende Person Alkoholiker bzw. Alkoholikerin ist.

1. Medizinische Komplikationen durch Alkoholmißbrauch wie Entzündungen des Magens, der Bauchspeicheldrüse, Lebererkrankungen, degenerierte Muskeln oder Nerven.

2. *Blackouts* bzw. Gedächtnisverluste, entweder während der betrunkenen Phasen oder daran anschließend.

3. Mehr als ein Vollrausch innerhalb von 48 Stunden, der dann mit einer sozialen Verpflichtung kollidiert.

4. Trotz aller ernsthaften Vorsätze gelingt es nicht, mit dem Trinken aufzuhören.

5. Alkoholkonsum vor dem Frühstück oder Verzehr von Alkohol, der kein Getränk ist, z. B. Mundwasser.

6. Verschiedene Schwierigkeiten aufgrund des Alkoholkonsums, z. B. Probleme mit dem Gesetz, Schlägereien oder Disziplinprobleme am Arbeitsplatz.

7. Wenn man sich selbst als jemanden wahrnimmt, der ein Trinkproblem hat oder von seiner Familie und seinen Freunden so wahrgenommen wird, dann handelt es sich wahrscheinlich um Alkoholismus.»[8] ◀

Eine andere kurze Checkliste stammt ebenfalls aus den USA. Sie ist für Suchthelfer entwickelt und soll diesen ermöglichen, sich die wichtigen Aspekte der Abhängigkeit genauer anzuschauen. Der Test heißt «CAGE», zu deutsch «Käfig»:

«C – Cutdown = verringern	–	Mußten Sie schon mal ihren Alkoholkonsum reduzieren?
A – Annoyed = verärgert	–	Waren Sie schon mal über andere verärgert, die Ihr Trinken kritisiert haben?
G – Guilty = schuldig	–	Haben Sie jemals Schuldgefühle wegen Ihres Trinkens gehabt?
E – Eyeopener = Augenöffner	–	Haben Sie schon mal morgens als erstes Alkohol getrunken?

Wenn zwei oder mehr der Fragen mit ‹Ja› beantwortet werden, so ist das ein deutlicher Hinweis auf ein schwerwiegendes Alkoholproblem.»[9] ◄

Neben den genannten Kriterien muß man noch die Menge und Häufigkeit des Alkoholkonsums beachten, ebenso wie Informationen über Schlaflosigkeit und das Trinken in der Nacht oder am frühen Morgen. Auch die Einnahme anderer Medikamente ist ein wichtiger Hinweis, da diese Mittel Alkohol für längere Zeit ersetzen oder den Gebrauch reduzieren können. Das gilt für Beruhigungs- und Schlafmittel genauso wie für Schmerzmittel, die häufig Mischpräparate sind und Beruhigungsmittel enthalten.

All diese Definitionen bleiben letztlich Versuche, abstrakt in den Griff zu bekommen, was man nicht eindeutig fassen kann. Mir persönlich gefällt die Nicht-Definition von Anne Wilson Schaef, einer führenden Suchtberaterin aus den USA: «Eine Abhängigkeit liegt dann vor, wenn der Abhängige weiß, daß er abhängig ist.»[10]

Die Reaktionen der Angehörigen

Die Frage, ab wann jemand Alkoholiker ist, läßt sich nicht eindeutig beantworten. Im Zweifel muß jeder für sich selbst einschätzen, ob er abhängig ist. Doch oftmals werden Mitbetroffene früher als der Suchtgefährdete selbst auf erste oder schon deutliche Zeichen von Alkoholismus aufmerksam. Angehörige gestehen sich ihre Befürchtung, daß der Partner, der Sohn, die Schwester oder ein Elternteil alkoholkrank ist, oft schneller ein. Dieses Eingeständnis ist für die Mitbetroffenen genauso wichtig wie für den Alkoholiker selbst. In diesem Stadium kann man sich informieren und versuchen, die schlimme Ahnung zu entkräften oder zu bestätigen. Wenn sich herausstellt, daß die Sorgen begründet sind, besteht die Möglichkeit, sich Unterstützung zu holen und das zu verändern, was man selbst beeinflussen kann. Die folgenden Fragen sollen denen, die sich um Freunde oder Angehörige sorgen, helfen, ihre Lage genauer zu betrachten:

- Mache ich mir wegen des Trinkens einer nahestehenden Person oder der Folgen dieses Trinkens Sorgen?
- Ärgere ich mich über das Trinken?
- Werde ich durch das Trinken einer anderen Person dazu gebracht, mich anders als sonst zu verhalten?
- Leide ich, leiden andere (z. B. Kinder) unter den Folgen des Trinkens wie Stimmungsschwankungen, Aggressionen, Geldmangel oder Polizeikontakte.
- Schäme ich mich in Situationen, in denen die betroffene Person trinkt?

Wenn Sie mehrere Fragen mit «Ja» beantworten müssen, dann werden Sie schon oft auf verschiedene Weise versucht haben, einer alkoholkranken Person zu helfen und sie vom Trinken abzuhalten. Wahrscheinlich haben Sie aus Angst, das Falsche zu tun, bisher vermieden, über die Alkoholabhängigkeit zu sprechen. Vielen ist es verständlicherweise – betrachtet man die Reaktionen unserer Gesellschaft auf Alkoholiker – sehr peinlich, mit irgend jemandem darüber zu reden. Doch wenn einem klar wird, daß eine nahestehende Person vermutlich alkoholabhängig ist, dann wird es Zeit, innezuhalten.

Jede Mitbetroffene muß sich nun ihrer eigenen Lage in dieser schwierigen Situation bewußt werden. Sie sollte sich überlegen, was sie bisher schon getan hat, um das Trinken und seine Folgen auszuhalten oder auch auszugleichen. Welche Art von Hilfe und Unterstützung hat sie angeboten, mit welchem Erfolg? All diese Fragen müssen sich an zwei Bezugspunkten orientieren: Was kann ich tun, um dem Alkoholiker wirklich zu helfen? Und, ebenso wichtig: Was kann und muß ich für mich selbst tun, damit ich die Kraft behalte, diese Situation durchzustehen?

Schon der Titel dieses Buches zeigt das Dilemma, in dem jede Mitbetroffene steckt. Oft scheint Hilfe das Gegenteil von dem zu bewirken, was man erreichen möchte. Trotzdem ist es einem nicht möglich, mit diesen Versuchen, den anderen aus seiner Sucht herauszuholen, einfach aufzuhören. Sollte man etwa den Alkoholkranken, den man doch gern hat oder dem – außer einem selbst – niemand mehr beisteht, einfach aufgeben?

Wer helfen will, muß wissen, wie er helfen kann und was wirklich hilft. Das setzt genaue Kenntnisse vor allem über die Dynamik der Beziehung zu einem Abhängigen voraus. Es ist wichtig, sich Klarheit darüber zu verschaffen, wie man selbst in dieses komplizierte System der Sucht verstrickt ist. Nur wer die eigene Rolle kennt, kann wirksam helfen. Daher braucht man nicht nur Informationen über die Krankheit Alkoholismus, sondern auch über die Veränderungen, die sich in der Familie, in der Beziehung zum Alkoholiker zwangsläufig ergeben. Erst dann ist man in der Lage, zwischen einem Verhalten, das nur von der Situation diktiert wird und keine Verbesserung bringt, und einer Haltung, die Handlungsfähigkeit bedeutet und Aussicht auf Erfolg hat, zu unterscheiden. Bevor wir uns also den Möglichkeiten, einem Alkoholiker wirksam zu helfen, zuwenden, wollen wir die Dynamik in den Familienbeziehungen genauer betrachten.

Das Familienmobile

Familien und Freunde von Alkoholikern gehen in ihrem Bemühen zu helfen oft unvernünftige Risiken ein, ohne darauf zu achten, wie sie sich selbst dabei belasten oder gar in Gefahr bringen.

Auch wenn jemand in den Bergen in Not gerät und abzustürzen droht, versucht man selbstverständlich zu helfen. Falls aber keine Hilfe möglich ist oder der Gefährdete es ablehnt, sich helfen zu lassen, weil er weiterklettern will, bringt man sich selbst in Sicherheit und ruft die Bergwacht. Dort arbeiten Menschen, die sich mit den Risiken des Bergsteigens aus eigener Erfahrung auskennen, den in Gefahr Geratenen zur Besinnung bringen und ihn beim Abstieg unterstützen können. Es wäre sich selbst gegenüber unverantwortlich, bliebe man mit diesem uneinsichtigen Menschen in der Felswand. Wem würde es nützen, wenn nachher beide abstürzen, weil man auch sich selbst vor Erschöpfung nicht mehr in Sicherheit bringen kann?

In der Beziehung zu einem Alkoholiker nehmen Rettungsaktionen oft einen anderen Verlauf. Mitbetroffene bleiben meist in der Nähe des «Absturzgefährdeten» und kümmern sich überhaupt nicht um sich selbst. Sie harren viel zu lange in der Klimmwand des Alkoholismus aus, bis sie selbst erschöpft sind. Hilfe von außen holen sie erst spät oder gar nicht. Nur manchmal geht einer weg, z. B. ein erwachsenes Kind, und sagt sich: «Was kümmert's mich, wenn er sich mit dem Trinken umbringt.» Nur wirklich wohl fühlt man sich damit auch nicht. Dauernd erwartet man einen Anruf mit schlimmen Nachrichten.

Angesichts dieses Verhaltens stellt sich die Frage, warum die meisten Menschen einen Alkoholiker, der sich ja scheinbar nicht ändern will, nicht einfach sich selbst überlassen. Warum bleiben so viele bei einem Abhängigen, auch wenn er keine Hilfe annimmt, warum lassen sie ihn nicht einfach fallen? Reicht der Hinweis auf Fürsorglichkeit oder familiäre Verpflichtungen, wo doch gleichzeitig in unserer Gesellschaft so viele andere Menschen, kranke und alte, allein gelassen werden? Die Therapeutin Virginia Satir hat Familien und andere eng aufeinander bezogene Gemeinschaften beobachtet und eine Erklärung für dieses Verhalten gefunden. Sie vergleicht Gemeinschaften mit einem Mobile. Obwohl dieses Modell stark vereinfacht, zeigt es doch anschaulich, wie eine Gemeinschaft als Ganzes reagiert, wenn ein Mitglied sich anders als sonst verhält.

Betrachtet man ein auf dem Tisch liegendes Mobile, so sieht man nur ein Gewirr von kleinen Stangen, Fäden und daran festgebundenen Figuren. Hebt man dieses Durcheinander am mittleren Faden hoch, so arrangieren sich alle Einzelteile zu einer Einheit, einem mehrstöckigen Gebilde, in dem jedes Teil frei schwebt, ohne die anderen anzustoßen. Das Mobile sieht nicht symmetrisch aus wie eine Waage mit gleichen Schalen, und doch schwingt es im Gleichgewicht.

Wer schon einmal so etwas gebastelt hat, weiß, wie empfindlich die

Balance auf jede Verschiebung reagiert. Ganz schnell kann das Gleichgewicht verrutschen. Dann muß die Anordnung der Teile korrigiert werden, um ein neues, verändertes Gleichgewicht herzustellen. Man verändert die Aufhängung, fügt etwas hinzu, verkürzt den Hebelarm... Es gibt viele Möglichkeiten, die Balance wiederherzustellen.

In jeder Familie gibt es dieses ausbalancierende Verhalten, z. B. wenn ein Kind für längere Zeit krank ist. Weil es abends nicht allein gelassen werden kann, streicht die Mutter für eine Weile ihren Yogakurs, der Vater seinen Sportverein. So können sie sich abwechseln. Die Veränderung ist nur vorübergehend und fordert keine großen Opfer. Schwieriger wird es bei einer dauernden Veränderung: Die erwachsene Tochter zieht zu Hause aus, und die Eltern brauchen Zeit, um sich daran zu gewöhnen, ohne die bisher selbstverständliche Gegenwart ihres Kindes auszukommen. Das «Loch», das die Tochter hinterläßt, müssen sie erst mit anderen Interessen oder Tätigkeiten ausfüllen lernen. Gesunde Familien werden durch dauerhafte Veränderungen zwar auch erschüttert, aber nach einiger Zeit stellt sich ein neues Gleichgewicht her. Die Balance wird nicht dauerhaft auf Kosten eines der Familienmitglieder geändert.

In Familien oder Beziehungen, in denen eine Person alkoholabhängig geworden ist, werden von den Mitbetroffenen ständig ungewohnte Anpassungen verlangt. Ein Alkoholiker verhält sich oft unvorhersehbar, so daß das Gleichgewicht in der Gemeinschaft täglich neu hergestellt werden muß. Außerdem verändert er sich auch in seinem Wesen sehr. Durch sein Trinken, Reden und Handeln stellt er unübersehbar und dauerhaft Forderungen an alle. Sein Arm im Familienmobile neigt sich immer stärker unter dem Gewicht, das er in der Gemeinschaft beansprucht. Die gestörte Balance kann nur auf Kosten der anderen ausgeglichen werden. Daher passen die Mitbetroffenen, oft auch unbewußt, ihr Leben dem täglichen Alkoholismus an. Niemand bleibt an seinem alten Platz. Für Außenstehende scheint das Familienmobile durch die Anpassung wieder im Gleichgewicht zu sein, doch die Mitbetroffenen bezahlen den Preis dafür. Im Mittelpunkt der Familie oder der Beziehung steht nicht mehr das Wohlergehen aller, sondern reagiert wird nur noch auf das Tun des Abhängigen.

Erste Hilfe: Nicht darüber reden

Mitbetroffene, die erkennen, daß ihr Partner oder Freund alkoholabhängig ist, suchen als erstes nach Wegen, den Schaden, der durch das Trinken entsteht, so gering wie möglich zu halten. Zu dieser Ersten Hilfe gehört der Versuch zu verheimlichen, daß ein Nahestehender trinkt. Wenn z. B. der Alkoholiker einen Arzttermin nicht einhalten konnte, weil er zu betrunken war oder einen Kater hatte, entschuldigt die Mitbetroffene ihren Mann, Vater oder Freund mit einer Ausrede. Die alkoholabhängige Frau ist morgens nicht aus dem Bett zu bekommen, und der mitbetroffene Mann ruft an ihrer Stelle in der Firma an und meldet sie krank. Die befreundete Kollegin riecht morgens schon nach Alkohol, aber man tut so, als ob man nichts bemerkt hat. Das Kind fragt, warum Papa gestern abend so geschimpft hat, und hört statt einer Antwort die Aufforderung, sich endlich zu beeilen, um den Bus nicht zu verpassen.

Das Verhalten des Alkoholikers bringt die Personen in seiner Umgebung in Zugzwang. Die Balance im Beziehungsmobile ist gestört, und die anderen geraten unter Druck. Sie müssen rasch reagieren. Doch welche Reaktion, welche Antwort ist richtig? Meist versucht jeder spontan, das in seinen Augen Bestmögliche zu tun und die Situation so auszugleichen, daß keiner etwas merkt. Für viele scheint Schweigen und Verheimlichen die erste Lösung zu sein. Man möchte Zeit gewinnen und hofft auf eine plötzliche Änderung. Fürs erste braucht niemand von den Alkoholproblemen zu wissen. Wenn man selbst nicht darüber redet, wird man vielleicht auch nicht ins Gerede der Leute kommen. Dieses Tabu, über Alkoholprobleme zu sprechen, wird nicht ausdrücklich verhängt, aber es gehört zum Alkoholismus wie der Alkohol selbst. So wie das Verleugnen einem erspart hatte, die Wahrheit anzuerkennen, so hilft dieses Tabu wenigstens eine Zeitlang, nach außen die Illusion aufrechtzuerhalten, als ob alles in Ordnung wäre. Ein weiterer Grund für das Schweigen ist ein Gefühl der Loyalität gegenüber dem Alkoholabhängigen. Man möchte ihn nicht bloßstellen und keine «schmutzige Wäsche» in der Öffentlichkeit waschen. Niemand fühlt sich wohl mit dieser Situation, aber viele wissen nicht, was sie anders machen könnten.

Eine Lehrerin mit Erfahrungen in der Suchtprävention sprach ihre befreundete Kollegin besorgt auf deren Alkoholfahne an. Sie glaubte, nun handeln zu müssen, weil auch eine andere Kollegin sie darauf aufmerksam gemacht hatte.

▶ «Meine Freundin hat mir geantwortet, sie habe ein bestimmtes Mundspray, daher käme der Geruch, außerdem lutsche sie ein Bonbon, das auch so riechen würde. Das hab ich dann meiner Mitbewohnerin erzählt. Die meinte nur: ‹So ein Quatsch, was soll das denn?› An die Schulleitung will ich mich nicht wenden, das würde ich als absoluten Verrat empfinden. Gerade sie ist so häufig von denen gebeutelt worden. Ich glaube, die würden sie wie eine heiße Kartoffel fallenlassen. Damit könnte sie sicher nicht umgehen.» ◀

Weil man dem Alkoholiker, der ja offensichtlich in Not ist, nicht noch weiter in Schwierigkeiten bringen will, hält man sich an der Überzeugung fest, selbst am besten helfen zu können. Damit übernimmt man eine große Verantwortung. Man versucht den Trinkenden zu schützen, ist leichtgläubig, erfindet Ausreden und Lügen und baut an einer Fassade für die anderen. Für den Moment sieht es so aus, als ob alles unter Kontrolle wäre. Das Image des Trinkenden ist erst mal gerettet – und damit auch das eigene, das mit dem Partner, der Freundin oder Verwandten ja mehr oder weniger deutlich verknüpft ist.

Mit-Spieler werden

Bei dem Versuch, das Leben mit einem Alkoholiker halbwegs unter Kontrolle zu bekommen, reicht die Erste Hilfe – Verschweigen und Vertuschen der Probleme – bald nicht mehr aus. Der Einsatz muß erhöht werden. So werden die Angehörigen zu Mit-Spielern, die auf jeden neuen Schachzug des Alkoholikers lauern. Wirklichen Spielern ist bewußt, daß sie viel Geld verlieren, mehr als sie bisher je gewonnen haben. Oft glauben sie nicht mal mehr an den einen sagenhaften Gewinn. Doch sie brauchen diese irrwitzige Hoffnung, mit immer größerem Einsatz eines Tages doch noch das große Los zu ziehen.

Eine Mitbetroffene hofft wie ein echter Spieler, daß der Einsatz dieses Mal die Wende bringt. Sie bietet ihre ganze Kraft und Energie auf, um den Alkoholiker zu einer Veränderung zu bewegen, obwohl dieser gar keine Anstrengungen unternimmt, «trocken» zu werden. Der Abhängige hat alle Trümpfe in der Hand und macht jeden Stich. Sein Verhalten wird vom Alkohol beherrscht und bestimmt die Lebensumstände seiner Angehörigen. Er nimmt keine Rücksicht mehr und weigert sich offensichtlich, die Verantwortung für sein Verhalten zu tragen. Die alltäglichen Anforderungen an die Mitbetroffenen steigen kontinuierlich, bis sie maßlos und unerfüllbar werden. Angeblich kümmern sie sich nie genug, oder sie mischen sich zuviel ein und zeigen nie ausreichend Verständnis. Eigentlich ist das nicht zum Aushalten!

Trotz dieser zunehmend unerträglichen Situation glauben Mitbetroffene oft, sie bräuchten «nur» ihren Einsatz zu erhöhen, um die Dinge zu verändern. Mit-Spielerinnen versuchen immer wieder, den Alkoholiker vom Trinken abzuhalten. Das allein ist schon erschöpfend, doch dazu kommt die extreme Bereitschaft, sich dem Alkoholiker anzupassen. Eine Ehefrau, eine Freundin und eine Mutter berichten, mit welchen Anpassungen sie auf das veränderte Verhalten des Abhängigen reagiert haben. Ihre Beispiele belegen, daß offenbar jeder Mitbetroffene durch diese Phase des Mit-Spieler-Verhaltens gehen muß.

▶ «Ich habe versucht, die Situation zu retten, indem ich mitgetrunken habe. Ich konnte das sonst nicht aushalten. Da fanden ständig Feten bei uns statt. Seine Verwandtschaft kam, und er brachte viele Arbeitskollegen mit. Dann wurde hier getrunken. Gott sei Dank hat sich mein Körper so vehement gegen den vielen Alkohol gewehrt, daß ich das Trinken wieder aufgegeben habe. Sexuell ging das auch nicht mehr wie früher. Immer häufiger war Alkohol dabei, und ich hab mich nur noch geekelt. Aber ich hab gedacht, ich kann ihn mit Sex ruhighalten. Ich habe dann ein Glas Sekt oder Wein getrunken, sonst hätte ich nicht mit ihm ins Bett gehen können. So schlimm war das. Ich hoffte, wenn ich mit ihm schlafe, dann ist er ruhig und ausgeglichen, dann muß er doch nicht mehr saufen. Stimmte natürlich alles nicht, er ging trotzdem saufen.» (Christa, 38 Jahre) ◀

▶ «Wenn mein Freund anrief und betrunken war, das merkte ich an seiner langsamen Sprechweise, dann hat er mir immer unheimlich nette, liebevolle Sachen gesagt. Ich war jedesmal ganz angerührt. Häufig aber hatte ich am nächsten Tag den Eindruck, daß er alles vergessen hatte. Er hat mir z. B. Angebote gemacht oder mit mir eine Verabredung getroffen, und ich war ganz erwartungsvoll. Doch es passierte nichts, denn er hatte das schon wieder vergessen. Das hat mich immer sehr getroffen. Ich hab das damals nie angesprochen. Ich war froh, wenn er überhaupt Zeit für mich hatte.» (Elise, 41 Jahre) ◀

▶ «Mein Sohn hat mich damals mehrmals in der Nacht angerufen und Sachen gesagt wie: ‹Mutter, die Kanonen sind auf dich gerichtet!› Das nächste Mal sagte er: ‹Du bist doch meine Mutter, ich hab doch sonst keinen, und ich lieg jetzt auf der Straße!› Das ging so fast sechs Wochen. Schließlich habe ich gesagt: ‹Dann komm eben nach Hause.› Ich konnte es nicht mehr ertragen.

Er war immer so unruhig. Er konnte 25mal die Zeitung hin und her legen, erst auf die Erde, und dann nahm er sie wieder auf und wieder auf die Erde und wieder hoch. Das konnte ich kaum aushalten.

Für drei Wochen ist mein Sohn mal in eine Wohngemeinschaft gezogen, bis er da auch rausflog. In der Zeit rief die Schwiegertochter meiner Schwester an, die würde soviel trinken, ob ich mich nicht kümmern könne. Ich sagte ihr, ich könne sie nicht aufnehmen, ich hätte genug mit meinem Sohn zu tun. Aber dann hab ich mich doch breitschlagen lassen. Platz hatte ich ja.

Das war typisch für Angehörige. Heute weiß ich das. Ich bin dann zum Sozialamt gegangen, um Sozialhilfe für meinen Sohn zu bekommen. Er selbst bekam nämlich keine. Aber als Krankenschwester verdiente ich genug, und ich mußte auch für meine Schwester geradestehen. Das wollte ich erst nicht glauben. Wenn man jemanden bei sich aufnimmt, dann muß man für den anderen mitsorgen und mitbezahlen. So sind die Gesetze.

Als mein Sohn von der Krankenkasse sein Tagegeld bezahlt bekam, ist er sofort nach B. gefahren, um seinen Bruder zu besuchen. Am Montag rief mein anderer Sohn mich an, sein Bruder stehe bei ihm vor der Tür. Er könne ihn nicht reinlassen, der würde in der Wohnung alles kaputtmachen. Er hat ihm dann 300 Mark gegeben, damit er sich ein Hotelzimmer nehmen konnte. Am anderen Morgen sollte er nach Hause fahren. Doch mein Sohn hat sich in die Bahn gesetzt und ist woanders hingefahren. Am anderen Morgen erreichte mich die Bahnhofsmission auf meiner Arbeitsstelle im Krankenhaus und teilte mir mit, sie hätten hier jemanden, der... hieße, der habe kein Geld. Ich solle dafür sorgen, daß er das Geld bekomme, damit er nach Hause fahren könne.

Unser Stationsarzt, der über meinen Sohn Bescheid wußte, sagte: ‹Tun Sie das nicht, schicken Sie kein Geld, sonst ruft er nachher aus Basel an, und dann sollen Sie wieder Geld hinschicken.› Weil ich kein Geld schicken wollte, haben die mir gesagt, ich solle eine Fahrkarte besorgen, die käme telegrafisch da hin. Das habe ich dann genauso gemacht und dachte, er ist auf dem Weg nach Hause. Abends ruft mich mein Sohn aus einer anderen Stadt an: ‹Ich hab meine Fahrkarte eben zurückgegeben, ich hatte nichts zu rauchen. Mach das noch mal so.› Da dachte ich, so geht es nicht weiter, und hab das Gesundheitsamt angerufen. Die haben mir geraten, gar nichts mehr zu schicken, er könne per Anhalter kommen oder wie er wolle. Und was macht er? Er setzt sich in ein Taxi, fährt mit dem Taxi nach Hause und will von mir 180 Mark haben. Und meinte, ich sei kleinkariert.

Später kamen die Ärztin und der Sozialarbeiter vom Gesundheitsamt. Noch am gleichen Abend brachten sie meinen Sohn ins Krankenhaus. Später wurde er mit gerichtlicher Einweisung in das Landeskrankenhaus verlegt. Aber er ist ja so geschickt und hat auf alles eine Antwort. Auch da hat er es wieder geschafft. Nach sechs Wochen kam der Brief, ich solle ihn abholen. Er hatte da ja weder Alkohol noch Drogen bekommen und war wieder zu sich gekommen. Ich mußte ihm noch mal eine Fahrkarte schikken, und dann hatte ich ihn wieder hier.» (Anna, 60 Jahre) ◄

► «Ich fühlte mich sehr hilflos, als sein Trinken immer mehr wurde. Ich habe mich, wie sicher viele andere auch, mit ihm hingesetzt und nächtelang diskutiert. Ich war richtig verbohrt und dachte: ‹Das muß doch in diesen Kopf reingehen.› Ich habe das nicht als Krankheit angesehen, das hab ich erst bei Al-Anon gelernt. Ich hielt ihn für willensschwach. Ich hab mit ihm manchmal hart geschimpft, ihm gesagt, du bist ein Schwächling, als er sich mal ganz arg daneben benommen hatte.» (Uta, 39 Jahre) ◄

Diese Erzählungen von Betroffenen zeigen, daß die Angehörigen durch die Alkoholabhängigkeit unter Zugzwang geraten und nur noch reagieren können. Langsam verliert man im eigenen Leben die Richtung und beginnt, auf verhängnisvolle Weise um die alkoholkranke Person zu kreisen, genauso wie diese um den Alkohol kreist. Angehörige von Alkoholikern, die sich in den sogenannten Al-Anon-Gruppen treffen, um sich gegenseitig zu helfen, nennen diese Phase *auf das Karussell steigen*. Statt vorwärts zu gehen, kommt man nur noch scheinbar voran, denn von nun an dreht sich das Leben immer stärker um die Situationen, die der Alkoholiker inszeniert. Mit den Mitteln der Ersten Hilfe und dem Mitspielen will man helfen oder wenigstens Schlimmeres verhüten.

Das fängt mit scheinbar kleinen Dingen an. Stundenlang hört man sich die Beschwerden über die Arbeit, die Kollegen, die Mutter oder sonst irgend etwas an, oft auch am Telefon. Immer haben andere an dem Ärger oder der Niedergeschlagenheit schuld. Ein Alkoholiker wiederholt sich dauernd und vergißt, daß er das gleiche schon einmal erzählt hat. Mitbetroffene können diese Gespräche kaum abbrechen. Doch sie zeigen ihren Ärger und ihre Verletztheit nicht, um den Freund nicht zu verlieren, um den Mann nicht unnötig aufzuregen. Man paßt sich an, ist «pflegeleicht», trinkt mit, kocht tolles Essen, fährt in den gemeinsamen Urlaub, den man für beide bezahlt, ist so oft wie möglich zu Hause, geht mit aus, hat Sex, wenn der Alkoholiker es will, und erträgt die grundlose Eifersucht alkoholabhängiger Männer. Immer häufiger muß man aushelfen, da der Trinkende Termine nicht einhalten, Arbeiten nicht ausführen, gesellschaftliche und familiäre Verpflichtungen wegen seines betrunkenen Zustandes nicht erfüllen kann oder sich schlicht weigert.

Bald kommen sehr unangenehme Arbeiten, die für Alkoholikerbeziehungen aber ganz alltäglich sind, hinzu: Die Toilette ist über Gebühr verdreckt, ebenso die Unterwäsche. Erbrochenes beseitigt man schnell, damit z. B. die Kinder nicht beeinträchtigt werden. Man gibt Geld, bezahlt Fahrkarten und Kleidung, weil diese Dinge sofort benötigt werden. Man ist bereit, mehr zu arbeiten, damit das Geld reicht. Vielleicht muß man allein die Familie ernähren und macht die Hausarbeit noch dazu. Man besorgt und bezahlt den Rechtsanwalt, um den Führerschein zurückzubekommen, den der Alkoholiker wegen Trunkenheit am Steuer verloren hat. Man übernimmt die Steuererklärung, das Bezahlen der Rechnungen und die gesamte Korrespondenz, weil anscheinend nichts mehr der Verantwortung des Alkoholikers überlassen werden kann. Man wechselt seinen Arbeitsplatz, weil der alkoholkranke Partner in seinem Job Probleme hat, eine neue Stelle sucht und umziehen will. Man bürgt für einen finanziellen Neuanfang und zahlt hinterher die Schulden. Mal zahlt man mit Geld, mal mit Sachwerten, immer mit der eigenen Zeit, Energie und Kraft und zunehmend auch mit dem Verlust der Selbstbestimmung und der Freude am Leben.

Bei jugendlichen Alkoholikern redet man mit den Lehrern und erzählt halbwahre Geschichten, vermeidet das Jugendamt, solange es geht, und nimmt den Jugendlichen notfalls von der Schule, damit er an einer anderen Schule neu anfangen kann. Vielfach erscheint das Verhalten von Eltern Außenstehenden unverständlich, aber auch Vater und Mutter reagieren ja auf das Verhalten und die Drohungen des abhängigen Jugendlichen. Auch sie geben ihre Art Hilfe und werden dabei von der jugendlichen alkoholkranken Person beeinflußt und gesteuert. Gerade Eltern von Alkoholabhängigen versuchen alles, um den Sohn oder die Tochter zu beruhigen und auf einen «normalen» Weg zurückzubringen.

Diskussionen bilden die schrille Begleitmusik zum Drehen des Karussells um den Alkoholiker: Die nun zu Mitspielern gewordenen Angehörigen versuchen den Abhängigen in manchmal verständnisvollen, später in Streit ausartenden Gesprächen und in stundenlangen Überzeugungsversuchen vor Augen zu führen, was er verkehrt gemacht hat, was er statt dessen tun könnte und sollte. Sein Verhalten und sein Charakter werden analysiert, Entschuldigungen für sein Verhalten werden angeboten. Und vor allem wird viel geschimpft und geschrien, gedroht und geweint.

«Hilfe», die nicht hilft

Nach einer Weile machen Angehörige und Freunde die Erfahrung, daß weder ihre Erste-Hilfe-Maßnahmen noch ihr Mitspielen irgend etwas nützen. Alles Bemühen und Reden führt nicht dazu, daß der Alkoholiker mit dem Trinken aufhört.

Dafür gibt es zwei wesentliche Gründe: Zum einen verstärkt der Druck auf den Alkoholiker sein Leugnen, zum anderen erspart ihm diese Hilfe die Konfrontation mit den Folgen seines Verhaltens.

Ein Alkoholiker ist sich durchaus bewußt, daß mit ihm etwas nicht stimmt. Er empfindet seine Machtlosigkeit in bezug auf das Trinken als persönliches Versagen, obwohl er immer wieder glaubt, sich beim nächsten Mal doch in den Griff bekommen zu können. Scham, Schuld und Reue wachsen und werden fast unerträglich. Der Trinkende sitzt in der Falle: Er weiß, daß Alkohol sein Leben zunehmend vergiftet, und weiß doch nicht, wie er es schaffen kann, nicht mehr zu trinken. Ex-Trinker brachten das auf die Formel: Ich kann nicht trinken, und ich kann nicht «nicht trinken».

In diesem Dilemma sucht der Alkoholiker nach einem Schuldigen dafür, daß er trinken muß. Diejenigen, die sich als Sündenbock anbieten, sind zugleich die Personen, die ihm am meisten helfen möchten. Das ist paradox und doch erklärbar. Denn gerade diese Personen verursachen scheinbar die Schuldgefühle des Alkoholikers: Sie treten ihm mit Forderungen entgegen, die er nicht erfüllen kann, machen ihm Angebote, die er nicht nutzen will, und konfrontieren ihn vor allem mit seiner Machtlosigkeit, die er sich so total noch nicht eingestehen kann. Darum bestreitet er, überhaupt abhängig zu sein, und verleugnet, daß es Schwierigkeiten und Probleme gibt, die durch sein Trinken verursacht worden sind. Er stellt sich als die Person dar, die besser Bescheid weiß als alle anderen. Hilfsangebote und Kritik der Mitbetroffenen nimmt er nur als weiteren Anlaß, trinken zu müssen, da ihn niemand versteht und alle ihm ungerechte Vorwürfe machen. Seiner Meinung nach haben andere schuld an den Schwierigkeiten, mit denen er konfrontiert ist.

Dieser verdrehte Denkmechanismus gehört zum Alkoholismus. Er ist der geistig-seelische Aspekt der Krankheit, der bewirkt, daß jede Hilfe, die sich wie Hilfe anfühlt, scheitern muß. Auch wenn es schwerfällt, sich einzugestehen, daß alle Anstrengungen umsonst waren, kann diese Information Mitbetroffene entlasten. Denn man muß sich nicht länger verausgaben. Das Scheitern dieser Art Hilfe ist normal, und kein Angehöriger hat versagt.

Die Erste-Hilfe-Maßnahmen zeigen aber auch aus einem anderen Grund nicht die erhoffte Wirkung, denn sie haben eine verhängnisvolle Eigenschaft. Sie verhindern nämlich, daß ein Alkoholiker die Folgen seines Trinkens überhaupt mitbekommt. Er braucht die Konsequenzen meist nicht selbst auszubaden. Es ist immer jemand da, um ihm zu «helfen», das heißt: Immer wieder ist jemand bereit, für ihn zu lügen, ihn zu decken, ihm wieder zu glauben. Immer wieder wird dem Trinkenden ein Zuhause gegeben. (Das gilt nicht im gleichen Maß für Frauen!) Es ist immer jemand da, der die liegengebliebene Arbeit mitmacht, ihn verteidigt, sich nach außen mit ihm solidarisiert. Nie wird ein Alkoholiker mit der ganzen Wucht dessen, was er anrichtet, konfrontiert. Daran ändert auch die «Begleitmusik» durch Schimpfen und Vorwürfe nichts.

Obwohl er nach außen oft als der Schwache und seine Partnerin als die Starke erscheint, die alles übernimmt, was er liegenläßt und vernachlässigt, setzt der Alkoholiker seinen Willen durch. In Wirklichkeit stehen seine Bedürfnisse im Vordergrund. Er produziert das Chaos, auf das Freunde, Partner und Verwandte reagieren. Er verhält sich wie ein Kind, das in der Trotzphase steckt, oder wie ein Jugendlicher, der besonders stark rebelliert. Aber der Alkoholiker ist im Gegensatz zu Kindern und Jugendlichen erwachsen, und diese «Phase» geht nicht vorüber. Sein Zustand ist dauerhaft und verschlimmert sich bei fortschreitender Krankheit. Wenn die gutgemeinte «Hilfe» der Angehörigen weiter sein Trinken begleitet, wirkt sie langfristig entmündigend und verzögert das Eingeständnis, daß er als Alkoholiker sein Leben absolut nicht mehr im Griff hat.

Im Innern des Abhängigen hat der Alkohol die Regie übernommen, in seinem äußeren Leben haben – als Reaktion darauf – Angehörige,

Freunde und Kollegen die Führung ergriffen. Man traut ihm nicht mehr zu, sein Leben als Erwachsener eigenverantwortlich zu führen. Damit nimmt man ihm die Verantwortung ab für das, was er tut. Man nimmt ihm aber auch die Selbstachtung und den Rest Würde, die auch darin bestehen, Dinge falsch zu machen und daraus zu lernen. Und schließlich nimmt man ihm die Chance, seinen Zustand in vollem Umfang wahrnehmen zu müssen.

In jeder Beziehung ist es nachteilig, den anderen zu bevormunden. Der Wille zur Veränderung muß immer von beiden kommen. In der Beziehung zu einem Alkoholiker aber führt diese «hilfreiche» Bevormundung in eine Katastrophe, denn die gutgemeinten Handlungen bewirken hier das Gegenteil: Sie unterstützen die Verleugnung des Alkoholikers. Ganz entgegen ihrer guten Absicht erschweren es Mitbetroffene der alkoholkranken Person, Konsequenzen zu ziehen, und verlängern damit die Trinkzeit und sogar das Leiden. Nur wenn der Alkoholiker seinen gesamten Alltag selbst bewältigen muß, bekommt er die Chance, sein Trinken als das wahrzunehmen, was es ist: unnormal, schädigend und unkontrollierbar.

Diese Ausführungen sollen natürlich in keiner Weise die Helfenden und Angehörigen angreifen oder ihnen Vorwürfe machen. Es ist nur zu verständlich, daß sie zu diesen Mitteln greifen. Dennoch ist es notwendig, sich die bisherige unwirksame «Hilfe» gleichsam von außen anzuschauen. Meist erkennen Mitbetroffene schnell, daß sie den Alkoholiker zunehmend bevormundet und ihm damit die Verantwortung für sein Leben mehr und mehr abgenommen haben. Dies gilt, wie schon gesagt, genauso für Alkoholikerinnen. Ich möchte an dieser Stelle jedoch besonders darauf hinweisen, weil gerade alkoholabhängigen Frauen, noch schneller als Männern, alles aus der Hand genommen wird.

Vielen scheint es unmittelbar einzuleuchten, daß der Abhängige mit den Folgen seines Tuns konfrontiert werden sollte. Die Schwierigkeit liegt aber darin, daß die Mitbetroffenen diese Folgen ebenso mit aushalten müssen. Sicher ist es wirkungsvoll, wenn der Alkoholiker am nächsten Morgen sein Erbrochenes wegwischen, das Wohnzimmer aufräumen und seine Wäsche selbst reinigen müßte. Mitbetroffene haben allerdings die Erfahrung gemacht, daß er das nicht tun wird. Alkoholiker verwahrlosen schnell. Wenn man aber selbst nicht versacken will, muß man dann nicht gegen diese Tendenz zur Verwahrlosung angehen? Ist es nicht so, daß den Mitbetroffenen letzten Endes gar nichts anderes übrigbleibt, als all die alltäglich wichtigen Dinge für einen Abhängigen zu erledigen, da sie sonst zum Nachteil aller nicht getan werden?

Christa beschreibt, warum sie es lange Zeit nicht schaffte, ihrem alkoholabhängigen Mann die Folgen seines Trinkens selbst zu überlassen:

▶ «Wie das eben bei einem Alkoholiker so ist. Er ist unsauber, pinkelt neben die Toilette, macht in die Hose, kippt sein Bier um, wo er steht. Ich habe immer wieder aufgeräumt, hab den ganzen Dreck immer weggemacht. Es stank alles. Er trank ja nicht nur Bier, auch Cognac und Korn. Überall standen Flaschen rum. Die Wohnung stank. Wenn er sich übergab, ging es neben die Toilette. Ich habe es weggewischt und mich saumäßig gefühlt. Es machte mich wütend, und ich habe ihn gehaßt dafür – aber mich auch. Ich hab den Dreck ja immer wieder weggemacht, weil ich mich vor den Kindern geschämt habe. Und ich wollte nicht, daß wir verwahrlosen. Ich hab ja erlebt, wie schnell das ging. Er trank auch immer mehr, weil er mit wenig Alkohol nicht mehr zurechtkam. Er mußte immer mehr trinken. Schließlich wurde er arbeitslos, es gab Sozialhilfe und Probleme mit dem sozialen Abstieg. Wir hatten sehr wenig Geld für uns und die Kinder. Wir fingen an, Schulden zu machen, weil er sehr viel Geld vertrank. Er ließ sich Vorschuß geben, aber das reichte eben nicht mehr. Ich konnte zu der Zeit nicht arbeiten, irgendwie wollte ich auch nicht wegen der drei kleinen Kinder. In der Endphase hatte ich mein drittes Kind bekommen. Da ging es ihm schon sehr miserabel und mir auch. Aber ich wollte nicht verwahrlosen.» (Christa, 38 Jahre) ◀

Was ist, wenn der Alkoholiker den Führerschein verliert, einen Unfall baut, jemand anderen anfährt? Muß man dann nicht auf ihn aufpassen, ihn abholen und chauffieren? Wenn eine alleinstehende Mutter trinkt, was wird aus den Kindern, wenn man nicht mehr hilft? Wann muß man den Abhängigen mit den Folgen seines Alkoholismus allein lassen? Wo ist die Grenze? Es leiden doch alle, die mit ihm zu tun haben. Muß man die Folgen seines Trinkens nicht im eigenen Interesse so klein wie möglich halten?

Auf diese Fragen gibt es keine allgemeingültigen Antworten. Wichtig sind die jeweilige Situation und die Menschen, die mitbetroffen sind. Durch Angehörige und Freunde von Alkoholikern hat man in den letzten 60 Jahren gelernt, welche Einstellung die Handlungen der Mitbetroffenen leiten sollte.

Wir können uns Hoffnung machen, daß sich schon durch diese veränderte Einstellung zum Alkoholismus auch bei dem Abhängigen etwas zum Guten wendet. Auf jeden Fall brauchen wir nicht mehr unwissentlich mitzuhelfen, daß die Person, die wir gemocht haben, die wir vielleicht immer noch mögen und die uns weiterhin nahesteht, durch Unkenntnis und falsches Helfen noch weiter in die tödliche Krankheit Alkoholismus getrieben wird.

Familienkrankheit Alkoholismus

Die Initiative, den Alkoholiker aus seiner Sucht herauszuholen, geht in den meisten Fällen von Angehörigen und Freunden aus. Sie sehen Tag für Tag, daß der Zustand – nicht zuletzt für sie selbst – immer unerträglicher wird, und suchen verzweifelt nach einem Ausweg.

Wenn die Mitbetroffenen endlich erkennen, daß ihre Wege der Hilfe, das Vertuschen, Ausgleichen und Mit-Spielen, keine Lösung bringen, beginnen sie, sich von Außenstehenden Rat zu holen. Auffällig dabei ist, daß Angehörige oftmals erst dann Hilfe holen, wenn sie selbst körperlich und psychisch am Ende sind. Doch viele Partner, Kinder, Geschwister und Eltern von Alkoholikern empfinden das Trinken als eine Art Schicksal, sehen keinen anderen Ausweg und machen einfach weiter. Sie scheinen auf verhängnisvolle Weise an den Alkoholiker und seine Sucht gekettet zu sein.

Seit den 70er Jahren versuchte man daher, die Angehörigen von Abhängigen in die Sucht-Therapie mit einzubeziehen. Sie wurden genau über die Krankheit Alkoholismus informiert, um die Chancen des Alkoholikers, nach einer Behandlung «trocken» weiterzuleben, zu erhöhen. Die Angehörigen sollten lernen, ihn auf die «richtige» Art zu unterstützen, damit er nicht rückfällig werden würde.

Dabei stellte man etwas beinahe Unglaubliches fest: Das Trinken einer Person war nach vielen Jahren für das Funktionieren der Familie auf paradoxe Weise wichtig geworden. Denn die Probleme verschwanden nicht, obwohl der Alkoholiker nicht mehr trank. Im Gegenteil, oft ließen sich Paare scheiden, nachdem ein Partner endlich die Flasche weggestellt hatte und das Ziel erreicht war, auf das man so lange gewartet und für das man so viel getan hatte.

Familien- und Systemforscher fanden eine Erklärung. Der Alkoholiker hatte sich geändert, war «trocken», ging z. B. wieder arbeiten und erfüllte seine Pflichten im Haushalt. Dadurch waren andere Familienmitglieder nicht einfach nur «entlastet»; sie hatten vielmehr ihre Aufgabe «verloren» und brauchtes eine neue Rolle in der Familie. Wiederum mußte die Balance im Mobile neu arrangiert werden. Um das Familien-

und Beziehungsgleichgewicht wiederherzustellen, mußten die anderen Familienmitglieder nun neue Rollen akzeptieren und sich dementsprechend anders verhalten. Ein erwachsener Sohn sollte nicht mehr zufällig vorbeischauen, um zu sehen, ob auch alles in Ordnung ist. Die Ehefrau konnte sich jetzt wieder um ihre eigenen Interessen kümmern, die sie vor Jahren hatte aufgeben müssen, um die Aufgaben ihres trinkenden Mannes zu übernehmen. Doch die Umstellung klappte nicht. Niemand verstand, warum die Mitbetroffenen nicht einfach froh darüber waren, sich nicht mehr um den Alkoholiker kümmern zu müssen. Die Angehörigen kamen mit ihren neuen Rollen nicht klar, fühlten sich oft überflüssig, und es ging ihnen weiterhin schlecht.

Man bemerkte, daß die Mitbetroffenen sich nicht einfach nur vorübergehend an den Alkoholiker angepaßt hatten. Das Mitspieler-Verhalten, die Erste Hilfe sowie die Begleitmusik waren nicht spurlos an ihnen vorbeigegangen. Viele litten unter psychosomatischen Krankheiten; Körper, Geist und Seele hatten Schaden erlitten. Was als Erste Hilfe für den Alkoholiker begonnen hatte, entpuppte sich als eigene schwerwiegende Veränderung, die nicht so einfach rückgängig zu machen war. Auch bei Angehörigen, die mit einem trinkenden Alkoholiker zusammenleben, kann man Indizien für diese Verstrickung finden. Sie sind zwar nicht vom Alkohol abhängig, aber haben – ähnlich wie der Alkoholiker – zunehmend nur noch einen Mittelpunkt in ihrem Leben: in diesem Fall die alkoholabhängige Person. Das Kreisen um dieses Zentrum gab dem Leiden der Mitbetroffenen seinen Namen: Sie sind co-abhängig und befinden sich damit ebenfalls in einem Prozess der Abhängigkeit.

Co-Abhängiges Verhalten zielt zwar auf den Alkoholiker, richtet aber den größten Schaden beim Angehörigen an. Es verändert Denken, Fühlen und auf lange Sicht die ganze Persönlichkeit und kann (in schweren Fällen) ebenfalls als eine fortschreitende Erkrankung verstanden werden. Die Lebenserwartung von Mitbetroffenen, die co-abhängig sind und weiter mit einem «nassen» Alkoholiker leben, ist geringer als die der Trinkenden selbst! Auch wenn jeder seine ganz individuelle Art, auf den Alkoholismus von Freunden oder Angehörigen zu reagieren, entwickelt, lassen sich gewisse Merkmale der Co-Abhängigkeit verallgemeinern. Die folgenden Verhaltensweisen und Eigenschaften kann man bei Co-Abhängigen verstärkt beobachten:

- Verleugnen der Realität, Unehrlichkeit
- Kontrollverhalten gegenüber Angehörigen

- Außenorientierung – Betonung der Fassade für andere, geringes Selbstwertgefühl
- Abhängigkeitsgefühle – Angst vor Trennungen
- Ängste und/oder Depressionen
- Über- oder Unterlegenheitsgefühle, manchmal im raschen Wechsel
- Überreaktionen, weil alles auf die eigene Person bezogen wird
- Verunsicherung der eigenen Wertvorstellungen
- Verwirrte Gefühle – aufgestaute oder abgespaltene Empfindungen, Gefühllosigkeit, Gleichgültigkeit
- Verwirrtes Denken, das nur Entweder-Oder kennt oder sich im Kreis dreht
- Perfektionismus – glauben, es nie gut genug zu machen
- Leichtgläubigkeit – Worten glauben statt Taten; selbst nur reden und nicht danach handeln
- Eigene Abhängigkeiten – Eßsucht, Arbeits- und Beschäftigungssucht, Kaufzwang, Medikamentenabhängigkeit oder auch Alkoholismus[11]

Niemand wird jedoch so einfach vom Alkoholismus «angesteckt». Den Keim zur Co-Abhängigkeit trägt man vielmehr schon in sich. Vermutlich haben Mitbetroffene die genannten Verhaltensmuster schon als Kind durch rigide Verhaltensregeln gelernt. Einige dieser möglichen Regeln lauten:
- Über Probleme spricht man nicht.
- Gefühle zeigt man nicht.
- Kommunikation findet am besten indirekt statt, wobei eine dritte Person als Vermittler zwischen zwei Gesprächspartnern fungiert (Dreiecksgespräche).
- Sei stark, gut, richtig, perfekt.
- Wir wollen stolz auf dich sein (unrealistische Erwartungen).
- Sei selbstlos.
- Tu, was ich dir sage (aber nicht, was ich tue!).
- Sei nicht kindisch.
- Sei manierlich, mach uns keine Schande![12]

Diese Botschaften werden nicht nur in der Familie, sondern auch in der Schule, den Kirchen, überall in unserer Gesellschaft vertreten. Selten wird Kindern das Gefühl gegeben, daß es gut ist, einfach man selbst zu sein, daß sie liebenswert sind, ohne erst etwas dafür tun zu müssen. Viele von uns sind so aufgewachsen, und daher ist es kein Wunder, daß so viele bereit sind, sich auf Situationen einzulassen, die ihnen schaden und in denen es ihnen nicht gut geht. Eine nicht unerhebliche Zahl von Mitbetroffenen aber hat in der Kindheit noch stärkere Verletzungen erlebt. Viele wurden entweder ganz im Stich gelassen oder auf versteckte Art seelisch vernachlässigt, bis ihr Vertrauen in sich selbst und auch andere verlorenging. Sie wurden permanent durch Mißbrauch oder Mißhandlung verletzt.

Oft treten Schädigungen, die man als Kind erlitten hat, erst durch das Zusammenleben mit einem Alkoholiker oder einem anderen problematischen Menschen massiv zu Tage. Die Wahl der Partner und Freunde wird sehr stark von Kindheitsgefühlen bestimmt. Wer als Kind keine vertrauensvolle Nähe kennengelernt hat, sucht sich einen Partner, dem er nicht zu nahe kommen kann, weil Nähe ihm Angst macht. Wenn er einen Alkoholiker liebt, kann er ihm immer nur scheinbar nahe kommen, denn für diesen steht das Suchtmittel an erster Stelle. Der Alkoholpegel im Blut bestimmt die Gefühle – und nicht sein Herz.

Co-Abhängige haben scheinbar einen sicheren Instinkt, sich bei der Partnerwahl genau den «Falschen» herauszusuchen. Auch wenn Partnerinnen von Alkoholikern schwören, daß sie keine Ahnung hatten, daß ihr Partner trank, so war die unbewußte Bereitschaft, sich jemanden zu suchen, der viel Unterstützung braucht, schon lange vorher da. Diese These ist durch Zahlen belegt: In den USA sind ca. 60 Prozent der Ehefrauen von Alkoholabhängigen Töchter eines Alkoholikers.

Doch nicht nur die co-abhängigen Frauen, auch die Kinder sind durch das Leben in einer Alkoholikerfamilie geprägt. Sie haben sich an ein krankes Familiensystem anpassen müssen und Verhaltensweisen gelernt, die ihnen selbst schaden. Alle, die eng mit einem Alkoholiker zu tun haben, entwickeln mehr oder weniger stark co-abhängiges Verhalten. Gerade wenn man sich die Mitbetroffenen und die Kinder anschaut, offenbart die Sucht ihr ganzes zerstörerisches Potential. «Alkoholismus hat immer wieder den einen Tatort: die Familie.»[13] Dort entwickelt sich das Drama, dort lernt jeder, so zu «helfen», wie es im ersten Moment sinnvoll erscheint, dort dreht sich das Karussell des Leugnens, der Verwirrung, des Chaos, auch der Gewalt immer schneller. Am Ende weiß kein Mitbetroffener, ob Kind oder Erwachsener, wie man aus diesem Dilemma herauskommen kann. Alkoholismus ist daher auch eine Familienkrankheit, die durch co-abhängiges Verhalten weiter am Leben gehalten wird.

Wenn man sich aus dieser Co-Abhängigkeit befreien will, zum einen, um sich selbst zu helfen, zum anderen, um endlich auch den Alkoholiker wirksam unterstützen zu können, so muß man lernen, sich auf sich selbst zu konzentrieren und nicht länger um den Abhängigen zu kreisen. Wie wichtig es ist, den Fokus vom Alkoholiker weg auf sich selbst zu richten, kann man daran erkennen, daß die co-abhängigen Verhaltensweisen weder durch den Tod des Partners noch durch eine Trennung oder Scheidung aufhören. Die erlernten Verhaltens-, Gefühls- und Denkmuster bestimmen weiterhin, wenn auch unbewußt, das Leben. Ehemalige Partner von Alkoholikern binden sich mit großer Wahrscheinlichkeit wieder an einen Abhängigen oder wählen andere Menschen mit großen Problemen, so daß die nächste Dauerkrise ihr Leben zerstört. Wollen sie endlich inneren Frieden und Glück finden, dann müssen sie innehalten und die Veränderung bei sich selbst suchen.

Christa z. B. fand nach der Scheidung von ihrem alkoholabhängigen Mann einen neuen Freund und hoffte, die alten Probleme hinter sich gelassen zu haben. Doch bald tauchten bekannte Situationen und alte Panikgefühle wieder auf:

▶ «Jetzt hab ich eine Hausärztin, mit der ich über persönliche Dinge rede. Ich hab ihr erzählt, daß ich in meiner neuen Partnerschaft die gleichen Probleme habe, obwohl mein Freund nicht trinkt. Sie sagte mir: ‹Wir wiederholen unser Muster immer wieder, wir sind Wiederholungstäter.› Da habe ich begriffen, daß ich auch von meinem neuen Freund abhängig bin. In dem Moment habe ich beschlossen: Ich werde jetzt gesund und lerne, ganz für mich zu leben. Ich kann gerne meinen Freund haben, aber ich muß lernen, für mich alleine Verantwortung zu übernehmen. Von da an ging es besser.» ◀

Jede Mitbetroffene muß für sich zu der Entscheidung kommen, sich um sich selbst zu kümmern und nicht länger die Verantwortung für das Leben des Alkoholikers zu übernehmen. Diese Entscheidung ist nicht gegen den Abhängigen gerichtet; sie bedeutet nicht, die Hoffnung aufzugeben. Die Frage, ob man sich selbst oder dem Alkoholiker helfen sollte, stellt sich gar nicht, weil wirkliche Hilfe den Alkoholiker nur erreichen kann, wenn auch Mitbetroffene umlernen. Nur wenn sie sich entscheidet, sich selbst als die wichtigste Person zu betrachten und den Alkoholabhängigen aus dem Mittelpunkt ihres Lebens herauszurücken, gibt es eine Chance, auch dem Alkoholiker zu helfen. Wenn Mitbetroffene es aufgeben können, den Alkoholiker in das Zentrum all ihrer Überlegungen zu stellen, wenn sie ihn in diesem Sinne «aufgeben» können, dann wird Hilfe möglich.

Das ist nicht egoistisch, ganz im Gegenteil. Die Rückbesinnung auf die eigenen Wünsche und Anliegen verhindert, daß der Alkoholiker sich noch länger über seinen Zustand belügen kann. Wichtig ist, daß man nur dann hilft, wenn man auch die Kraft dazu hat, zuerst aber verpflichtet ist, zu sich selbst gut zu sein. Es heißt: «Liebe deinen Nächsten wie dich selbst», nicht «Liebe ihn mehr als dich selbst». Stellen Sie sich vor, Sie würden jemanden, den Sie mögen, so vernachlässigen, wie Sie es mit sich selbst tun, wie fast jeder es macht, der mitbetroffen ist.

Selbstfürsorge statt Selbstvernachlässigung ist laut Erfahrung vieler Betroffener immer noch die wirksamste Hilfe: sowohl für sich selbst als auch für den Alkoholiker!

In den folgenden Abschnitten zeigen Mitbetroffene das ungeschminkte Gesicht ihrer Co-Abhängigkeit und erzählen, wie sie erkennen mußten, daß ihr Verhalten und ihre Motive ihnen selbst geschadet haben. Sie berichten aber auch, wie man eine neue Einstellung zum Problem Alkoholismus erlernen und einüben kann. Konkrete Beispiele machen Mut, selbst aus dem Karussell des Alkoholismus auszusteigen und nicht länger «Mit-Spieler» zu sein, also die eigene Co-Abhängigkeit zu stoppen. Mit ihrer Hilfe kann man erkennen, ob und wie man durch Erste Hilfe, Mit-Spieler-Verhalten sowie «schrille Begleitmusik» den Alkoholiker tatsächlich, gegen die eigene Absicht, in seinem Trinkverhalten unterstützt. Nur die klare, ungeschminkte Sicht der Lage gibt einem den Mut, gegenzusteuern und den Kurs zu ändern, sich nicht mehr ausschließlich auf den Alkoholiker zu konzentrieren, sondern sich um sich selbst sowie die Kinder und die ganz eigenen Aufgaben im Leben zu kümmern.

Dabei ist die Innenansicht der anderen Mitbetroffenen, die hier zu Wort kommen werden, hilfreich. Sie bieten Spiegelbilder an, die ermöglichen, sich des eigenen co-abhängigen Verhaltens bewußt zu werden.

Kontrolle: «Ich schaff das!»

Alle Mitbetroffenen glauben, daß der Alkoholiker irgendwann mit seinem schädlichen Trinken aufhören wird. Würde man diese Hoffnung verlieren, müßte man aufgeben, weggehen oder sich Hilfe holen. Wer wünscht sich schon auf Dauer ein Leben mit einem Menschen, der trinkt!

Dieser Glaube an die Genesung des Alkoholikers ist richtig und verständlich, doch gefährlich wird es, wenn man glaubt, daß es am eigenen Handeln liegt, ob der Abhängige es schaffen wird, mit dem Trinken aufzuhören. Wenn man sich herausgefordert fühlt, immer mehr für den Alkoholiker zu denken und zu agieren, dann handelt man in der Illusion, doch eine gewisse Macht über das Schicksal des Süchtigen zu haben. Dabei gilt selbst für Alkoholiker, die in Kliniken eine Langzeittherapie gemacht haben, in den ersten fünf Jahren eine Rückfallquote von mindestens 80 Prozent.

Ein Mitbetroffener, der glaubt, daß er seinem alkoholabhängigen Partner helfen kann, traut sich also zu, was professionellen Helfern oftmals nicht gelingt. Viele Angehörige glauben, durch ihre Charakterstärke, Disziplin, ihr Durchhaltevermögen sowie ihre Liebe besser geeignet zu sein, das Trinken des anderen wieder in den Griff zu bekommen.

Doch auch wenn Mitbetroffene all diese Charaktereigenschaften besitzen, bleibt Tatsache, daß ein Alkoholiker selbst von der liebenswertesten Frau nicht «trockenzulegen» ist. Alle Bemühungen helfen nur, den Zustand zu verschlimmern, im besten Fall bewirken sie nichts. Da aber so viele nicht aufgeben wollen, muß diese vergebliche Fürsorge und Kontrolle doch einen Grund haben und irgendeinen Nutzen bringen.

Ruth, Fritz und Christa beschreiben zunächst, wie sie versuchten, ihre Partner vom Trinken abzuhalten.

▶ «Man kann nicht die Frau bleiben, die man war, das ist unmöglich. Ich war früher eine selbstbewußte Frau, ich meinte immer zu wissen, wo's langgeht. Ich hatte so mein Ziel vor Augen. Dann kam der Streit, nur wegen Alkohol haben wir uns gestritten. Ich war ja selbstbewußt, dachte, das läßt sich einrenken. Ich bring ihn vom Trinken ab.

Ich machte die üblichen Fehler: Schimpfen und Streiten. Früher war ich eigentlich immer sehr ausgleichend und zu Hause auch sehr darauf bedacht, Streit zu schlichten. Und jetzt fing ich selbst an zu nörgeln und zu streiten. Das war meine Reaktion auf das Trinken meines Mannes. Ich hab immer gedacht, das werde ich ihm schon zeigen, das werde ich ihm schon austreiben.

Ich hab mich auch sonst typisch verhalten, die Flaschen aus den Verstecken geholt, sie ausgekippt, die Flaschen auf dem Tisch aufgebaut, um ihm zu zeigen: Guck mal, so viel hast du wieder getrunken. Wenn er nach

Hause kam, hab ich erst mal in seiner Tasche nachgeschaut, hat er was mitgebracht? Ich hab direkte Trinkkontrolle gemacht.» (Ruth, 56 Jahre) ◄

Fritz wollte lange Zeit nicht wahrhaben, daß er seiner Frau nicht beibringen konnte, mit dem Trinken aufzuhören:

► «Ich wollte ihr das Trinken abgewöhnen, indem ich ihr Zeug ausschüttete. Wenn ich eine Flasche unter der Matratze fand oder eins ihrer anderen Trinkdepots, dann hab ich die Flaschen ausgeschüttet. So hab ich versucht, sie unter Kontrolle zu bringen. Aber auf die Dauer konnte ich ja sehen, wie das trotzdem immer weiterging. Ich konnte aber mit dem Kontrollieren nicht aufhören.» (Fritz, 58 Jahre alt) ◄

► «Ich hatte das Gefühl, gefangen zu sein. Aber ich habe gedacht, ich schaffe das, daß er aufhört zu trinken. Ja, meine Liebe zu ihm schafft das. Er wird mir zuliebe aufhören zu trinken. Und wenn wir eine Familie sind, wenn wir Kinder haben, dann wird er auch seinen Pflichten nachgehen. Es ist genau das Gegenteil eingetreten. Er konnte seinen Pflichten überhaupt nicht mehr gerecht werden.» (Christa, 38 Jahre) ◄

Liebe und Fürsorge, die den Abhängigen wieder auf den rechten Weg bringen sollen, werden zur Rechtfertigung von Kontrollversuchen herangezogen. Die meisten Mitbetroffenen schämen sich, diese Kontrolle zuzugeben. Hier zeigt sich eine der Veränderungen in der Beziehung zu einem Alkoholiker: Man handelt zunehmend rigide und muß wie unter Zwang wissen, ob er getrunken hat oder nicht, ob die Flasche versteckt ist, ob er zur Arbeit war, was er vorhat.

Ruth und Fritz haben die direkte Alkoholkontrolle gewählt. Andere gehen eher verdeckt vor. Sie verhalten sich nach außen hin fürsorglich, kochen besonderes Essen, gehen zu allen Veranstaltungen mit hin, holen den Alkoholiker von der Arbeitsstelle ab, um zu verhindern, daß er unterwegs trinkt. Sie kümmern sich, wie eine Mitbetroffene schrieb:

► «Da mein Freund abhängig ist, habe ich (!) bei der Drogenberatung immer wieder Termine gemacht, wo wir zusammen hinkonnten. Der Gute hat mich immer wieder versetzt. Ich bin aber wieder zu ihm hingegangen, um mit ihm darüber zu reden und ihn doch zu motivieren, etwas zu tun. Darüber war seine Schwester sauer. Sie war der Meinung, ich würde ihn dadurch noch bestärken, weil er nie die Konsequenzen seines

Verhaltens spüren würde. Aber ich konnte ihn doch nicht einfach sausenlassen, da ich von mir selbst weiß, wie wichtig Unterstützung ist. Ich hab's auch geschafft.» ◄

Gerade eine zeitweilige Trockenheit, die durch die ständigen Bemühungen und Kontrollen des Partners erreicht wird, ist hoch gefährdet. Jeder Beziehungsstreß wird zum Prüfstein. Die Einschätzung: Ich hab's geschafft, verlangt beim nächsten Rückfall des Partners verstärkte Anstrengungen, da man fälschlicherweise glaubt, es würde von der eigenen Kraft abhängen, ob er trocken wird. Das bringt die Mitbetroffene in eine illusionäre Machtposition, die sie nur um den Preis ihrer Gesundheit aufrechterhalten kann. Niemand schafft es, für den Alkoholiker zu entscheiden, selbst wenn man ihn dazu bekommt, in eine Klinik zu gehen. Wenn er trocken wird, dann nur aus dem Grund, weil er für sich selbst, für sein Überleben, bereit ist aufzugeben.

Das Bedürfnis vieler Mitbetroffener, sich immer wieder zu kümmern, oft vergeblich zu kontrollieren, zeigt den Wunsch, aktiv werden zu können und die eigenen Ohnmachtsgefühle zu überwinden. Das Leben mit einem Alkoholiker ist schmerzlich und macht angst. Der Schutzdamm der Kontrolle ist ein Mittel, diese Gefühle zu beschwichtigen und zu dämpfen: «Ich tu was, ich paß auf!» Begleitet wird die Kontrolle von dem Eindruck, etwas Macht zu haben.

Auch wenn es nur ansatzweise oder für eine Weile gelingt, den Alkoholiker zu kontrollieren, bringt dies der Mitbetroffenen doch eine gewisse Erleichterung. Sie fühlt sich nicht mehr so ausgeliefert. Die Illusion, die Lage irgendwie unter Kontrolle bekommen zu können, begrenzt die Panik, die sonst aufsteigen würde. Denn das Chaos, das der Alkoholiker anrichtet, kann man kaum ohne Gegenwehr aushalten. Zwar ist das Gefühl, wenigstens zeitweise den Zustand des Alkoholikers dirigieren zu können, nur eine Illusion, doch in einer Suchtbeziehung orientiert man sich nicht an der Wirklichkeit. Man orientiert sich an der durch Leugnen und Mit-Spielen geschaffenen Scheinwirklichkeit. Und die gilt es um jeden Preis auch vor sich selbst zu erhalten. Erst wenn man später zurückblickt, kann man deutlich erkennen, daß man sich wie die Frau verhalten hat, die ihre Situation einmal so beschrieb: «Es ist, als säße ich auf einem heißen Herd, umgeben von Töpfen, deren Deckel plötzlich hochgehen, und versuche, sie festzuhalten.»[14]

Wenn die Kontrolle nicht klappt, dann rächen sich viele auf andere Art. Die unterdrückte Wut, der Haß und Groll brauchen ein Ventil:

▶ «Wenn ich mich so geschämt hab wegen des Trinkens, dann hab ich verbal zurückgeschlagen. Bei Einladungen konnte ich nicht verhindern, daß er sich betrank, da hab ich ihn dann vor anderenschlecht gemacht, hab über ihn gelacht, mich eben einfach über ihn gestellt. Das war meine Art zurückzuschlagen, ihm seine Verletzungen, die er mir antat, zurückzuzahlen. Ich dachte ja, er tut mir das alles absichtlich an.» (Angelika, 40 Jahre) ◀

Kontrolle, gefolgt von dem unabwendbaren Versagen der Kontrolle, aufsteigender Groll und Haß nähren sich gegenseitig und füttern die Sucht. Der Alkoholiker hat wieder ein paar «Gründe» mehr zu trinken.

In einem Gespräch erwähnte Uta, wie sie sich ihrem Partner gegenüber verhielt, bevor das Trinken offensichtlich wurde. Sie hatte in Gesprächen mit anderen schon herausgefunden, daß sie sich bereits als junge Frau in einer Art um ihren Freund kümmerte, die Kontrolle über sein Leben zum Ziel hatte. Heute sieht sie, daß sie sich jemanden ausgesucht hatte, der ihrem Bedürfnis, anderen zu sagen, wo's langgeht, keinen Widerstand entgegensetzte. Von Anfang an brauchte er sie, um mit dem Leben klarzukommen.

▶ «Als ich meinen Mann kennenlernte, hatte er ganz schlechte Zähne, war 15 Jahre nicht beim Zahnarzt. Da hab ich ihn zum Zahnarzt geschleppt, bin mit hingegangen. Er hat es dann mit meiner Hilfe geschafft, seine Zähne zu restaurieren. Das ist 12 Jahre her. Jetzt laß ich ihn.

Ich hab ihm natürlich aufopfernd geholfen. Ich war die Selbständige, als wir uns kennenlernten. Das hat er an mir bewundert. Ich hatte eine eigene Wohnung, er lebte zu Hause bei seinen Eltern, war 26 Jahre alt und kriegte nichts auf die Reihe. Er ist echt ein lieber, netter Kerl. Da hab ich gesagt: ‹Das nehme ich in die Hand, das regel ich!› Dann habe ich ihn Samstag morgens um acht mit der Zeitung und Brötchen bei mir zum Frühstück bestellt und ihm gesagt: ‹Wir suchen 'ne Wohnung für dich.›

Also, ich war schon so: Wenn einer ein Problem hatte, dann hab ich geholfen, bin halt so ein kleiner Samariter. Das hat ihn auch an mir angezogen. Im Prinzip ist es eine gute Eigenschaft, das sehe ich heute. Ich möchte nicht kalt und abweisend sein, nur die Waage muß ich halten können.» (Uta, 39 Jahre) ◀

Anderen zu helfen ist eine gute Eigenschaft, doch es gilt, die Balance zu finden. Wichtig ist, aus welchem Grund man anderen hilft. Helfe ich, weil sie mich darum gebeten haben? Habe ich genug Kraft, um ganz für sie dazusein? Ist diese eine Aktion wirklich nur die Ausnahme?

Oder helfe ich, obwohl ich müde bin, eigentlich Erholung bräuchte und mal etwas Schönes für mich machen sollte? Weil ich meine, genau zu wissen, was für den anderen das Richtige ist? Weil ich dafür sorgen will, daß alles gut wird und nach meinem Plan abläuft? Oder will ich, daß man mich nett findet? Handle ich aus dem Bedürfnis, fast aus dem Drang, etwas für andere tun zu müssen, weil ich sonst unruhig werde, mich irgendwie leer fühle? Denke ich, es geht gar nicht anders, weil andere dies alles nicht so gut bewältigen können wie ich? Oft wird Sichopfern, Kontrollieren, Machtausüben mit Hilfe verwechselt.

Uta sieht heute, wie sehr sie ihren Mann hin- und hergeschoben hat. Der Grund dafür lag in ihr selbst:

▶   «Ich hab früher viel geholfen, um mein eigenes kaputtes Selbstwertgefühl zu stärken. Das ist für mich auch die Ursache, daß ich mir einen Alki ausgesucht habe. Ich war halt pummelig, das war mein großes Manko. Meinem Mann, dem war das nicht so wichtig. Der mochte mich, der wußte noch genug an mir, was er gut fand. Ich denke, wir gehörten und gehören zusammen. Dennoch war da dieses kaputte Selbstwertgefühl, und dann hab ich immer gemacht und getan.» (Uta, 39 Jahre)   ◀

Auch Christa durchschaut heute ihre Partnerwahl. Sie sieht die Ursache für ihr Bedürfnis, den Partner lenken zu wollen, in ihrer Kindheit:

▶   «Mein Vater war immer aggressiv, wenn er getrunken hatte. Er hat mich zwar nur mit Worten geschlagen. Aber das hat gereicht. Ich habe mir dann wahrscheinlich unbewußt einen Mann gesucht, der trank. Alkohol war damals für mich ja etwas Normales, davor hatte ich keine Angst. Ich hatte nur Angst vor diesen Verstimmungen, vor den Aggressionen. Und der Mann, den ich mir gesucht habe, der war ruhig, der war schwach. Der trank zwar, aber der war schwach, das hab ich gespürt. Und da war ich stark, und ich konnte ihn lenken, und er tat mir nichts. Das ging eben auch sehr lange gut.» (Christa, 38 Jahre)   ◀

In Wirklichkeit zahlt man teuer für diese Illusion, einen anderen Menschen so dirigieren zu können, daß nichts Schlimmes geschehen wird. Man zahlt mit seiner Kraft und Energie, mit Körper und Seele.

Die beiden Frauen, Uta und Christa, haben darauf hingewiesen, daß man sich unbewußt eine Konstellation in der Beziehung sucht, in der man die Gelegenheit hat, die Spirale von Fürsorge und Kontrolle in Gang zu setzen. Je mehr das Leben außer Kontrolle gerät, um so schneller dreht sich die Spirale, um so größer wird der Wunsch, diesen Wirbel doch noch zu kontrollieren.

Wie kommt man aus dieser gefährlichen Spirale wieder heraus? Was bleibt von einer «Helferin», einem Kontrolleur übrig, wenn sie sich nicht mehr für andere opfern, nicht mehr überwachen und für andere leben? Viele fühlen sich leer und wie ein Versager. Sie erleben, daß ihre Mühe umsonst war. Die alkoholkranke Person trinkt immer noch, und das Selbstwertgefühl der Mitbetroffenen sinkt weiter.

Alternative:
Die eigene Machtlosigkeit anerkennen

Um aus der Spirale von immer mehr Kontrolle und immer größeren Hilfeleistungen aussteigen zu können, müssen die Mitbetroffenen begreifen, daß diese Art der Unterstützung sinnlos ist. Weil Alkoholismus eine Krankheit ist, entsprechen die Verhaltensweisen des Alkoholikers bekannten Mustern und haben nichts mit der jeweiligen Beziehung, dem Beruf oder der finanziellen Situation zu tun. Der Alkoholiker trinkt, weil er trinken muß und keinen Weg finden kann, von alleine damit aufzuhören. Jeder trockene Alkoholiker und jeder Suchtfachmann sagen das gleiche: Keine Fürsorge und keine Kontrolle hätte einen Alkoholiker vom Trinken abhalten können, da es sich um eine Abhängigkeitserkrankung handelt. Könnte jemand so einfach mit dem Trinken aufhören, dann wäre er kein Alkoholiker. Wie oft habe ich die folgenden Aussagen von Abhängigen gehört: «Ich habe auch nicht wegen meiner Familie, meiner Frau, meinen Eltern oder Kindern aufhören können. Ich wollte, aber es ging nicht.»

Die Mitbetroffenen, die zum ersten Mal begreifen, daß sie dem Alkoholismus machtlos gegenüberstehen, zeigen unterschiedliche Reaktionen. Auf die einen wirkt diese Erkenntnis wie ein K.-o.-Schlag. Man will doch etwas tun. Muß man nicht unbedingt handeln, da die Situation doch nicht so bleiben kann, wie sie ist? Was heißt denn da machtlos? Das klingt doch, als hätte man versagt, als sei man nicht gut genug. Dies sind genau die Gefühle, die durch die Kontrollaktionen und das Kümmern vermieden werden sollten.

Wenn man einsieht, daß das bisherige Handeln vergeblich war und zugleich das starke Bedürfnis empfindet, die Situation doch weiterhin irgendwie in den Griff bekommen zu müssen, spürt man vielleicht zum ersten Mal, wie überwältigend stark dieses Bedürfnis, andere zu lenken und ihnen zu helfen, in einem wirkt. Der Drang, sich um die alkoholabhängige Person zu kümmern und deren Leben zu lenken, hat Vorrang bekommen vor der eigenen Gesundheit und den eigenen Bedürfnissen. Es kann einem ganz unvermutet schwerfallen, die Hände aus dem Leben eines Alkoholikers zu nehmen.

In diesem Fall ist ein Mitbetroffener nicht nur dem Alkoholismus des Partners gegenüber machtlos. Auch der eigene Drang, jemand anderen retten, lenken und kontrollieren zu wollen, kann nicht beeinflußt werden. Machtlosigkeit bezieht sich nicht nur auf den Alkoholiker, sondern auch auf diesen Drang, der einen in die Selbstvernachlässigung und, in letzter Konsequenz, in die Selbstzerstörung treibt. Es schadet beiden, wenn man den Alkoholiker nur noch so sieht, wie Angelika es beschreibt:

▶ «Es ist noch gar nicht lange her, da war er für mich nur so eine Flasche. Er war für mich kein Mensch, der Gefühle hatte, der mit sich nicht klarkam. Ich hatte so viel Groll, ich konnte ihn nicht anders wahrnehmen. Erst seit ich verstanden habe, daß er krank ist, kann ich den Menschen sehen und aufhören, ihn hin und herzuschieben.» ◀

In der Machtlosigkeit gegenüber dieser Krankheit liegt eine Chance für alle Mitbetroffenen. Wenn man es sowieso nicht schaffen kann, den Alkoholiker zum Aufhören zu bewegen, dann braucht man sich nicht mehr vergeblich anzustrengen. Jedes Versagen hat die Mitbetroffenen immer tiefer in Groll und Verbitterung gezogen. Wenn man den Kampf aufgibt, kann man auch die Wut aufgeben, die einen selbst verhärtet.

▶ «Ich war froh, als ich von Leuten, die mich verstanden, erfuhr, daß Alkoholismus eine Krankheit ist. Es fiel mir leicht zu sehen, daß ich mich nicht mehr aufopfern, nicht mehr nur an ihn denken und nicht noch mehr für ihn tun mußte. Ich hatte schon das Gefühl, ich bin am Ende, ich kann nicht mehr geben. Ich wollte auch nicht mehr, Schluß, aus, finito. Ich war so froh zu hören, daß ich das durfte: aufhören, mich aufzuopfern. Ich durfte auf einmal das machen, was ich wollte, ich durfte es mir gutgehen lassen.» (Uta, 39 Jahre) ◀

So paradox es klingt: Die Erkenntnis, dem Alkoholismus gegenüber machtlos zu sein, wird zum Fundament einer Veränderung. Man hört auf, das Unkontrollierbare kontrollieren zu wollen. Manche brauchen Zeit, bis sie die Erlaubnis, mit dem Kämpfen aufzuhören, als erlösend empfinden.

▶ «Ich habe in meinem Beruf immer alle Dinge gebracht, die man von mir verlangt hat, und dann sollte ich zugeben, daß ich machtlos bin. Da hat mir einer klargemacht: Natürlich kannst du dein Leben meistern und bist nicht machtlos. Aber in bezug auf das Trinken deiner Frau, in bezug auf die Krankheit bist du machtlos.» (Fritz, 58 Jahre) ◀

Machtlosigkeit anzuerkennen, das bedeutet eben nicht Unterwerfung unter eine erniedrigende Situation.[15] Es verlangt nur, die Wirklichkeit zu sehen, wie sie ist, und sich an ihr zu orientieren. Dabei bröckelt die falsche Fassade, und man leitet die Schritte ein, die für einen selbst notwendig sind.

▶ «Dies ist ein richtiger Lernprozeß, das ist wirklich keine Gefühlssache, dabei geht es lange Zeit nur über den Kopf. Wenn du eine Sprache auffrischen willst, dann mußt du auch jeden Tag lernen. So auch, wenn du verstanden hast, was Alkoholismus ist. Das kannst du nicht gleich, du mußt dich ja um 180 Grad drehen.» (Ruth, 56 Jahre) ◀

Fixierung: «Ich kann an nichts anderes mehr denken!»

Der Alkoholiker steht im Zentrum der Wahrnehmung von Mitbetroffenen, ihr Denken und Fühlen kreist nur um ihn. Andere Alltagsdinge werden mehr und mehr ausgeblendet. Dabei vernachlässigt man alle anderen Personen, auch sich selbst. Zum Schluß hängt alles, was einen selbst betrifft, immer davon ab, was der Alkoholiker macht, wahrscheinlich macht oder nicht macht. Das eigene Denken und Fühlen ist nur an den anderen gekoppelt. Es ist wie ein Zwang, wie eine Besessenheit.

▶ «Meine Gedanken kreisten nur noch um den Mann, der nicht nach Haus kam. Es war so schlimm, daß ich am Ende nur noch in der Küche am Fenster stand. Also, ich wußte immer so ungefähr, dann hat er Feierabend, dann müßte er nach Hause kommen. Da kam er dann nicht, und ich habe wirklich wie angewurzelt am Fenster gestanden und auf die Straße gesehen, der muß doch jetzt kommen. Doch er kam nicht, und ich konnte an nichts anderes mehr denken.» (Christa, 38 Jahre) ◄

▶ «Ich hatte gar keine Zeit für die Kinder, auch keine Nerven mehr, ihnen zuzuhören. Da war nur die Sorge um Franz. Was wieder alles passieren kann. Und das Vertuschen war wichtig, damit die Nachbarn das nicht mitkriegten.

Ich hab nachmittags schon so eine Vorahnung gehabt, daß er abends nicht nach Hause kommt. Dann hab ich mir wirklich die dollsten Geschichten vor Augen gehalten. Was alles passieren könnte, wenn! Und es sind ja auch wirklich Sachen davon eingetreten. Wenn ich den ganzen Tag gearbeitet habe und endlich zu Hause war, dann rief er nachts irgendwann an, ich mußte ihn abholen. Ich hab immer erwartet, daß etwas passiert. Das hat bei mir Herzklopfen und Aufregung verursacht bis zum Gehtnichtmehr.

In der Zeit konnte ich nicht mit den Kindern spielen. Ich mußte mir Gedanken machen, was passiert, wenn! Darum kreisten meine Gedanken, und darum, wie ich reagieren würde. Für mehr hatte ich keine Kraft.» (Carola, 30 Jahre, ihr Vater und ihr Mann sind Alkoholiker) ◄

Diese Besessenheit ist der Treibstoff der Co-Abhängigkeit. Er setzt den Kontrollmotor immer wieder in Gang. Man kann an nichts anderes mehr denken und alles andere wird zurückgedrängt, um das Problem unter Kontrolle zu bekommen und es verschwinden zu lassen.[16]

Alternative: Loslassen

Der erste konkrete Schritt weg von diesen zwanghaften Gedanken besteht darin, sich geistig von der alkoholkranken Person zu lösen. Es fällt schwer, sich plötzlich keine Sorgen mehr zu machen, obwohl sich doch nichts verändert hat. Es macht Mühe, die kreisenden Gedanken zu unterbrechen und den Alltag nicht mehr nach dem Trinkenden auszurichten. Vielleicht warnt eine innere Stimme: «Aber ich muß mir doch etwas überlegen! Ich kann doch nicht meinen Kopf abschalten. Selbst wenn ich wollte, geht das nicht. Ich schlaf ja kaum noch!»

Doch langsam findet man einen Ausweg aus dem Zirkel. Man kann lernen, seine Gedanken zu stoppen. Erst mal nur hin und wieder. Denn das geht nicht von heute auf morgen.

Uta z. B. ist abends oft fortgegangen und hat mit dem Bemalen von Seidentüchern angefangen. So etwas Einfaches soll einem helfen können? Seidenmalerei ist wahrscheinlich nicht jedermanns Sache. Doch es ist wichtig und tatsächlich heilsam, daß man überhaupt einen Anfang macht. Statt auf den Alkoholiker zu warten, kann man sich auf etwas anderes konzentrieren und sich eine Tätigkeit oder ein Hobby suchen, das einen ablenkt. Viele berichteten mir, daß sie nur noch die Überschriften der Zeitungen lesen konnten. Ein Buch als Ablenkung zu lesen, dafür reichte die Konzentration nicht mehr aus. Wenn es Ihnen auch so geht, dann probieren Sie es mit Sport, mit Volkshochschulkursen, in denen man mit den Händen etwas anfertigen kann, besuchen Sie Ausstellungen, gehen Sie ins Kino, singen Sie in einem Chor mit. Was man macht, ist eigentlich egal, Hauptsache, man macht es regelmäßig, kann sich ablenken und hat sogar nach einer Weile Spaß daran. So kommen Sie aus der Isolation, in die Sie durch das Verstecken des Alkoholismus geraten sind, langsam wieder heraus.

Tun Sie einfach etwas ganz bewußt für sich. Fangen Sie mit kleinen Schritten an, machen Sie einen Abendspaziergang, einen Saunabesuch oder gehen Sie zum Friseur. Dies sind kurze Zeitabschnitte in der Woche, in denen Sie liebevoll mit sich selbst umgehen. Jede kleine Handlung ist wie ein Stück einer Patchworkdecke, die Sie aneinandernähen. Am Anfang finden sich nur blasse, ohne viel Beachtung zusammengesuchte Stoffreste. Aber langsam fügen Sie Stoffe hinzu, die Sie sich besonders ausgesucht haben. Seide und Samtstückchen, glänzende und leuchtend farbige Gewebe nähen Sie zu Ihrem Muster aneinander. Wenn Sie die Hälfte geschafft haben, wundern Sie sich, wie leicht Ihnen auf einmal dieses erst so ungewohnte Nähen fällt und wieviel Freude Sie daran haben. Plötzlich sind andere da, die mit Ihnen zusammen die Stoffe aussuchen und Ihnen beim Nähen helfen. Ihre Decke wird schön, wenn Sie beharrlich sind, sie wird weich und wärmt Sie, während Sie sich erholen. Erstaunt stellen Sie fest, daß schon die ersten Flicken genau passend für Ihre Decke ausgewählt waren. Eine Frau aus einer Alkoholikerfamilie drückte das ähnlich aus:

▶ «Ich nähe mir meinen Verstand, mein Denken, meine Vorstellungen wieder zusammen, so fühlt sich das an, Stück für Stück werde ich gesünder. Ich geh nicht mehr gegen mich vor.» ◀

Anfangs wirkt jede Aktivität erzwungen und künstlich, erscheint nur als eine zeitweilige Ablenkung, weil die Gedanken doch immer wieder zu kreisen beginnen: «Hat er wohl wieder getrunken? Ist er schon heil zu Hause angekommen? Ist er wütend, daß ich nicht da bin?» – «Hat sie ihr Abendbrot gegessen? Liegt sie wieder betrunken auf dem Sofa? Kommt sie heute Nacht überhaupt nach Hause? Werden die Nachbarn sie wieder betrunken sehen?»

Diese Gedanken kann man wahrnehmen, ihre Häufigkeit bemerken und dann feststellen: «Es stimmt tatsächlich! Ich denke ja nur noch über ihn oder sie nach. Ich mache mich ja selbst krank mit diesen Sorgen.» Und dann kann man sich entscheiden, sich nicht mehr vor Sorgen krank machen zu wollen. Denn es hilft niemandem, wenn man sich durch dieses Im-Kreis-Denken noch mehr belastet, als man es durch den Alltag mit einem Alkoholiker ohnehin schon ist. Gedanken wie: «Was ist, wenn...» führen einen in dramatische Zukunftsphantasien, die einen genauso aufregen wie reale Ereignisse. Die Realität mit einem Alkoholiker ist unberechenbar genug, da ist es überflüssig und schädlich, sich noch zusätzlich schlimme Situationen vorzustellen.

Bleiben Sie bei dem, was im Moment, was heute ist. Schieben Sie die Gedanken beiseite und konzentrieren Sie sich auf Ihr neues Hobby oder auf die Tätigkeit, die Sie gerade machen. Wann immer Ihnen das «Kopfkarussell» bewußt wird, loben Sie sich dafür, daß Sie inzwischen bemerken, wie Sie fast zwanghaft an die alkoholkranke Person denken müssen. Nur wenn Sie es merken, können Sie etwas ändern. Fragen Sie sich in solchen Momenten: «Was gibt es, das im Moment wichtig ist, was muß ich sowieso tun? Was würde sonst liegenbleiben?» Und tun Sie es sofort.

Das hat Vorteile: Sie verbannen die krankmachenden Gedanken wenigstens zeitweise, und Sie erledigen Ihre Aufgaben. Denn in einer Krise hilft einem am meisten, daß man das tut, was man auch tun würde, wenn es keine Krise gäbe. Dieser Rat stammt von einer Frau, die mit einem Alkoholiker verheiratet ist, der inzwischen nicht mehr trinkt. Die Sorgen kommen natürlich selbst dann immer mal wieder, wenn man weit weg von der alkoholkranken Person lebt. Doch man lernt, sich nicht in diese Gedanken hineinzusteigern und die Dinge nicht zu dramatisieren.

Lance lebt in Deutschland, sein Vater lebt allein in den USA und ist Diabetiker und Alkoholiker.

▶ «Sorgen mache ich mir immer noch manchmal. Abends denke ich plötzlich, wenn jetzt das Telefon klingelt, dann ist das meine Mutter, die sagt: ‹Dein Vater ist tot.› Ich weiß, daß ich nichts direkt machen kann. Ich bete für ihn.» (Lance, 27 Jahre) ◀

Die Gedanken, die immer wieder um den Alkoholiker kreisen, erfüllen auch eine Aufgabe, der man sich gar nicht bewußt ist. Man ist so sehr mit den Sorgen oder Vorstellungen beschäftigt, daß man dadurch den Schmerz, die Enttäuschung, Wut und Hilflosigkeit, die man sonst überwältigend spüren würde, kaum noch registriert. Die Sorgen um den anderen lenken davon ab, was in einem selbst los ist. Da man den Dauerschmerz nicht aushält, wird er verdrängt oder durch immer neue Krisen unbewußt in den Hintergrund geschoben.

Durch die Krankheit Alkoholismus ist man auch als Mitbetroffener von sich selbst, von seinen Gefühlen abgeschnitten. Das ist ein normaler Vorgang. Die Gefühle würden einen sonst herausfordern, die Wirklichkeit zu sehen, wie sie ist. Das aber schmerzt zu sehr, wenn man keine Hilfe hat, um damit umzugehen. Doch jetzt sind Sie auf dem Weg, sich an der Realität und nicht mehr an Illusionen zu orientieren. Jetzt brauchen Sie Ihre Gefühle wieder, damit die der Motor Ihrer Veränderung werden.

Wenn Sie nicht mehr zwanghaft auf den Alkoholiker fixiert sind, bestehen die Probleme vorerst weiter, doch es tauchen neue, andere Möglichkeiten auf, Ihr eigenes Leben zu leben. Durch Ihren bisherigen «Tunnelblick» konnten Sie viele Optionen gar nicht bemerken. Sie bewältigen den Alltag besser, Krisen werden seltener, sogar innere Ruhe stellt sich immer öfter ein.

Wissen Sie noch, was Sie für sich in Ihrem Leben erreichen möchten, unabhängig von der trinkenden Person? Wovon haben Sie immer geträumt? Was wollten Sie schon lange mal für sich tun? Gehen Sie wieder erste kleine Schritte für sich selbst. Lassen Sie sich nicht davon abhalten, nehmen Sie sich selbst wichtig, so wie Sabine, deren Mann, Bruder und Sohn Alkoholiker sind:

▶ «In der psychosomatischen Klinik habe ich gelernt, daß ich mir meinen Freiraum schaffen muß. Ich hab ja Kraft, in der Klinik haben sie zu mir gesagt: ‹Was Sie in ihrem Leben schon mitgemacht haben, daran wären andere schon zerbrochen.›
Daraufhin habe ich mir gesagt, jetzt schaust du mal, welche Perspektiven für dich da sind, was du gerne machen würdest. Ich hab angefangen,

mit Öl zu malen, hab ja schon immer viel Handarbeiten gemacht. Doch das war nicht genug.

Ich war 39 Jahre alt und dachte, was tust du jetzt. Dein ganzes Leben hast du dich von deinem Mann leiten lassen. Der hat dir alles vorgeschrieben, so nach dem Motto: Ich nehm dir alles aus der Hand, das brauchst du nicht zu tun. Ich war so unbeholfen, das war ja auch einfacher für mich. Ich ging nicht alleine aus, ich hab nie für mich den Mund aufgemacht, war immer nur für die anderen da, hab getan und gemacht. Das wollte ich nicht mehr.

Ich bin dann zum Arbeitsamt gegangen, dachte, du machst dich jetzt unabhängig. Du willst dein eigenes Geld verdienen. Die Tochter war aus dem Haus, und Daniel, meinen Sohn, hatte ich endlich vor die Tür gesetzt. Ich mußte einfach sehen, daß ich Ablenkung, aber auch ein bißchen Erfüllung für mich finde.

Ich machte etwas Positives, eine Ausbildung. Wenn dann alle Stricke reißen und es mit dem Mann gar nicht mehr läuft, dann bist du nicht abhängig, hab ich mir gedacht. Vor zwei Wochen habe ich meine Ausbildung als Altenpflegerin abgeschlossen, und ich hab mit ‹gut› bestanden.»
(Sabine, 41 Jahre)   ◄

Mitbetroffene nennen diesen Prozeß *Loslassen*. Man lernt Schritt für Schritt, nicht mehr darunter zu leiden, was andere tun oder wie sie reagieren, und nicht zuzulassen, daß man von jemandem zur Wiederherstellung seiner Gesundheit benutzt oder mißbraucht wird.[17] Das klingt schwer – und das ist es auch.

Loslassen kann man nur etwas oder jemanden, mit dem man vorher fest verbunden war, so wie mit einem Baby. Wenn das Kind kräftig genug ist, um laufen zu können, dann will es die Hand der Eltern loslassen. Hält man es dennoch länger an den Händen oder trägt es nur herum, schadet man dem Kind. Läßt man es los, dann wird es zwar ab und zu fallen, doch es findet alleine schnell heraus, wann es aufpassen muß. Das Kind lernt aus Erfahrung. Eltern wissen das, und dennoch lassen sie mit etwas Sorge los, beobachten das Kind und würden am liebsten dauernd hinspringen, um es vor Schmerzen zu bewahren.

Da man nicht die Kraft aufbringt, den ganzen Tag hinter einem Kind herzurennen, hat so ein kleiner Mensch, selbst bei ängstlichen Eltern, eine ganz gute Chance, laufen zu lernen. Die neue Freiheit bringt auch mit sich, daß sich das Kind mehr von den Eltern entfernt. Doch für das körperliche und seelische Wachstum ist es notwendig, daß man einen (kleinen) Menschen, den man liebt, losläßt und ihn seine Erfahrungen machen läßt. Das weckt unterschiedliche Gefühle: Angst, aber auch Erleichterung.

Wenn man einen Erwachsenen losläßt, hat man vorher lange festgehalten. Man hat sich an die Hand gewöhnt, die man ergriffen und gehalten hat. Wenn man sie jetzt losläßt, fehlt einem etwas. So eine andere Hand fühlte sich vertraut an, auch wenn sie meistens an einem zerrte. Man war wenigstens nicht allein, war mit jemandem verbunden. Die Hand loszulassen macht Angst. Riskiert man das Loslassen und erkennt dann, der andere braucht gar nicht festgehalten zu werden, fühlt man sich zuerst oft nutzlos. Doch man spürt auch zunehmend Erleichterung, nicht mehr alles regeln zu müssen, sich endlich mehr um sich, um die Kinder, um die eigene Arbeit kümmern zu können.

In diesem Buch kann ich Ihnen nur die Richtung zeigen, die viele Mitbetroffene so erfolgreich gegangen sind, und Ihnen Mut für Ihren eigenen Weg machen. Jeder noch so kleine Schritt, sich geistig von dem Alkoholiker zu lösen, bringt Ihnen mehr Lebensfreude. «Der Weg ist das Ziel.» Ruth fand ihre innere Stärke durch Loslassen. Sie sagt von sich, daß sie es leichter als andere hatte, aus dem dauernden Denken auszusteigen.

▶ «Mir kam mein Glaube zur Hilfe. Durch den Glauben war ich in der Lage, meine Sorgen auf den Altar zu legen und dabei zu sagen, ich kann nicht mehr. Ich hab's abgegeben. Dann ging ich beruhigt wieder nach Hause. Ich hab mir gesagt, Gott wird mir schon irgendwie helfen. Den Glauben hab ich so verstanden, daß nach Karfreitag Ostern kommen muß. Ich hab das Trinken von meinem Mann als mein Kreuz, das ich tragen muß, gesehen und das Kreuz auch angenommen. Ich glaubte schon, daß auch der Ostersonntag noch in meinem Leben passieren würde.» (Ruth, 56 Jahre) ◀

Die junge Frau, von der ich den folgenden Bericht gehört habe, hatte es bisher nicht geschafft, ihren Mann innerlich loszulassen. Hier erzählt sie von dem ersten Versuch, der vielleicht unbedeutend aussieht, aber die innere Wende markiert, die so wichtig ist.

▶ «Er sagte mir am Freitag plötzlich, er wollte am Montag mit der Arbeit aufhören. Ich habe das wohl gehört, aber es ließ mich ganz gleichgültig. Das ging mich nichts an. Und ich habe nichts dazu gesagt, das war auch viel zu anstrengend, mich darüber aufzuregen. Ich habe mich wirklich ganz gleichgültig gefühlt, es war ganz leicht, nichts zu sagen.

Dann hat er seine Schwester angerufen. Die hat ihm gesagt, ja, das mußt du selber wissen. Da muß er wohl sehr überrascht gewesen sein und hat gesagt, von dir hätte ich das nicht gedacht. Dann hat er seine Mutter angerufen, aber seine Schwester hatte ihr schon gesagt, wie wichtig es sei, nichts dazu zu sagen, und die hat auch nichts gesagt.

Am Montag ging er wieder zur Arbeit. Ob er dabei bleibt, weiß ich nicht, aber mir ist das wirklich gleichgültig.» (Gedächtnisprotokoll) ◄

Oft wird die Wende im Verhalten von einer Müdigkeit begleitet, die einem ermöglicht, mit dem bisherigen Mitspielen wenigstens teilweise aufzuhören. Diese Müdigkeit und das Gefühl der Gleichgültigkeit sind kaum erkennbare Keime, Vorboten für neue innere Kräfte, die sich unter der Eisschicht regen. Von außen sieht man nur die gefrorene Erde, die fehlenden Gefühle. Tatsächlich bekommt man so wenigstens ab und zu die inneren Ruhepausen, die man braucht, um aus dem gefrorenen Zustand aufbrechen zu können, wenn nur etwas Wärme und Unterstützung dazukommen.

Loslassen bedeutet aber nicht, den Alkoholiker aufzugeben. Man löst sich vielmehr geistig und in seinen Gefühlen von ihm und hört auf, bis zum Verlust der eigenen Identität mit dem anderen verflochten zu sein.

Verantwortung: «Wenn ich mich nicht um alles kümmere...»

Bei der Beschreibung des Alltags mit einem Alkoholiker fällt schnell auf, wie häufig Mitbetroffene Dinge für den Abhängigen erledigen, um die sich dieser eigentlich selbst kümmern müßte und auch könnte. Der Grund dafür scheint offensichtlich zu sein. Wenn z. B. der Mann die Telefonrechnung nicht bezahlt, wird das Telefon abgestellt. Alle anderen Familienmitglieder müssen die Konsequenzen mittragen, da springt (zu) schnell jemand anders ein und übernimmt diese Pflicht.

Viele Angehörige und Freunde von Alkoholikern sind zu sehr damit beschäftigt, es anderen recht zu machen. Das Wörtchen «nein» fällt allen schwer; einen Wunsch, eine Bitte abzuschlagen, ist fast unmöglich. Das hat Folgen.

▶ «In seiner nassen Zeit bin ich da so reingerutscht, daß ich stärker sein mußte, immer stärker. Da habe ich auch meinen Bandscheibenvorfall gehabt. Wir wollten Geburtstag feiern, und mein Mann konnte wieder nichts besorgen, denn er hatte getrunken. Da mußte ich alles allein neben der Arbeit machen. Ich erinnere mich, daß ich noch schwere Getränkekästen geschleppt hab, obwohl der Rücken mir so weh tat. Ich konnte nie nein sagen.» (Uta, 39 Jahre) ◀

Mitbetroffene brauchen meist keine Aufforderung, um etwas für andere zu tun. Sie spüren, ob sie jemand brauchen könnte, sie erraten, was als nächstes zu tun ist, sie sind hochsensibel für Stimmungen und Gefühle in ihrer Umgebung. Dadurch sind sie in Gefahr, nur noch auf andere zu achten. Man möchte es allen recht machen, von ihnen anerkannt werden, und vergißt dabei, was für einen selbst gut ist.

Viele gehen noch weiter und fühlen sich verpflichtet, ganz die Regie über das Leben des Alkoholikers zu übernehmen. Das kann offen geschehen: «Wenn ich mich nicht um alles kümmere, dann passiert nichts, es wird ja nichts getan!» oder mehr verdeckt: «Er möchte das so gerne.» Das Resultat bleibt das gleiche: Der Mitbetroffene ist zum Komplizen der Sucht geworden, eine Marionette, die nur noch funktioniert. Er tut etwas und sie verhindert, glättet aus, ersetzt oder entschuldigt ihn...

Dieses Verhalten zu ändern fällt schwer. Zu begreifen, daß man den Alkoholiker loslassen muß, ist eine Sache. Eine andere ist es, ganz konkret zu lernen, daß der Alkoholiker die Konsequenzen seines Trinkens selbst ausbaden muß. Doch das eine geht nicht ohne das andere.

**Alternative: Jeder übernimmt
die Verantwortung für sich selbst**

Es gibt mehr Möglichkeiten, den Alkoholiker mit seinem Versagen und den Konsequenzen seiner Untätigkeit zu konfrontieren, als man denkt. Übt man täglich, den Alkoholiker loszulassen, dann wird man bald die vielen Gelegenheiten im Alltag sehen können, in denen der Alkoholiker die Verantwortung selbst übernehmen kann. Im Haushalt kann man einiges relativ einfach in zwei Bereiche aufteilen, wobei jeder ausschließlich nur für seinen Bereich zuständig ist. Uta hat gelernt, ihren Mann als einen Erwachsenen zu betrachten, der für sich selbst Verantwortung tragen kann. Das gelang ihr nicht von heute auf morgen:

▶ «Ich habe dann immer mehr versucht, mich auf mich zu besinnen. Das kannte ich schon aus einer Wohngemeinschaft, wo es öfter mal gerappelt hatte. Da hatte ich dann hinterher auch meinen eigenen Schrank, meine eigenen Pötte, meine eigene Pfanne, weil ich keine verschimmelten Töpfe mochte. Bei den anderen habe ich mich nicht durchsetzen können, also hab ich meinen eigenen Kram gemacht.

Diese Erfahrungen habe ich dann mit meinem Mann umgesetzt. Möglichst alles getrennt machen, meinen eigenen Striemel, damit ich mich nicht so ärgere. Seine Passivität war so wie eine Wand, da kannst du nicht gegenan. So kam mir das jedenfalls immer vor. Wir haben einen Kellerraum, da ist rechts meine Seite zum Wäscheaufhängen und links seine. Und alles, was von ihm auf meiner Seite war, wumms, hab ich dann auf seine Seite gepackt, das hat sich alles gestapelt, war mir egal. Ich habe immer die nächste Ladung obendrauf gepackt. Ich habe auch mein eigenes Werkzeug gehabt. Bei ihm konntest du keinen Schraubenzieher mehr finden. Ich hab mir gedacht, da suche ich nicht. Das konnte ich liegenlassen.

Aber das andere, das war ja zu dicht bei mir dran. In dieser Wohnung hier hat er auch ein paarmal ins Bett gemacht. Das hätte eigentlich er wegmachen müssen, aber er hat eben nichts gemacht, hat nur gesagt: ‹Ja, was willst du auch machen, das muß eben trocknen.› Das war immer ätzend für mich. Irgendwann hab ich das Schlafzimmer richtig saubergemacht. Er tut's halt nicht, und mich hat's angeekelt, das ist es.» (Uta, 39 Jahre) ◀

▶ «Getrennte Zimmer sind so wichtig. Wenn es irgend möglich ist, sollte jeder einen eigenen Raum haben. Es ist unhygienisch, mit einem Alkoholiker in einem Zimmer zu schlafen. Da ist das bepinkelte Bett, die dreckige Unterwäsche, Erbrochenes. Ich wäre an diesem Schmutz zugrunde gegangen. Wir haben nur ein kleines Reihenhaus und drei Kinder. Ich bin aus dem Schlafzimmer ausgezogen und hab auf der Luftmatratze im Kinderzimmer geschlafen, auch mal unten im Keller oder auf dem Sofa im Wohnzimmer.» (Ruth, 56 Jahre) ◀

Es gibt keine feste Regel, an welcher Stelle die Mitbetroffenen Grenzen ziehen können oder sollen. Das ist jeweils abhängig von der individuellen Situation. Das Durcheinander, das der Alkoholiker, ganz wörtlich, zu Hause anrichtet, seine mangelnde Hygiene, seinen Flaschenmüll kann man in einem Haus oder einer größeren Wohnung viel leichter vom eigenen Bereich trennen und sich nicht darum kümmern. Doch was macht man, wenn Kinder da sind? Kann man ihnen dieses Zuhause zumuten? Muß man nicht um ihretwillen Ordnung halten? Kindern wird in Alkoholikerfamilien viel mehr zugemutet als nur die leeren Flaschen und die Unordnung. Sie begreifen eine Menge von dem, was zu Hause los ist, auch wenn ihre Eltern den Alkoholismus, so wie es üblich ist, vor ihnen verbergen wollen. Ruth beschreibt, wie sie gerade wegen der Kinder Bereiche in der Wohnung aufteilte.

▶ «Ich dachte damals, so geht es nicht weiter, und da hab ich mich auf meinen früheren gesunden Menschenverstand besonnen. Laß ihn links liegen, denk an deine Kinder, die haben keinen Vater, aber sie sollen wenigstens eine gesunde Mutter haben, hab ich mir gesagt. Und da konnte ich meinen Mann fallenlassen. Es gehört natürlich mehr dazu, wenn drei Kinder da sind.

Ich hab mich nicht mehr um ihn gekümmert. Ich habe ihm zwar immer noch die Tür aufgemacht, denn ich wollte nicht, daß er Stadtstreicher wird. Für die Kinder wollte ich das nicht. Wenn er nach Hause kam und müde war, hab ich immer dafür gesorgt, daß er sich auf die Couch im Wohnzimmer legte. Dann war für alle anderen das Wohnzimmer tabu. Denn ich wollte nicht, daß die Kinder dabei waren. Das Fernsehgerät stand sonst im Wohnzimmer, aber das habe ich dann immer nach oben ins Schlafzimmer gepackt, damit die Kinder Sesamstraße gucken konnten. Er sollte inzwischen seinen Rausch ausschlafen. Ich hab ihm gesagt, die Kinder haben Besuch, die wollen noch etwas Fernsehen. Ich habe immer die Kinder vorgeschoben, das war so eine Waffe, auf die er reagiert hat und die wirkte.» (Ruth, 56 Jahre) ◀

Häufiger Streitpunkt in Alkoholikerfamilien ist das Geld. Trinken ist teuer, und das Geld wird aus der Börse des Partners, aber auch der Kinder oder der Eltern gestohlen. Rechnungen werden nicht bezahlt, und das Geld, das dafür vorgesehen war, gibt der Alkoholiker für sich und möglicherweise noch für weitere Trinkkumpane aus. In vielen Familien bleibt kaum genug zum Leben übrig.

Die finanzielle Situation der Mitbetroffenen ist unterschiedlich. Oft arbeiten die Frauen zu Hause, und nur der Mann bringt Bargeld in die gemeinsame Kasse. Diese Frauen haben es schwerer, finanzielle Grenzen zu setzen, aber auch da gibt es Möglichkeiten. Andere Männer und Frauen arbeiten für den abhängigen Partner mit, der sich nicht bemüht, seinen Teil der Arbeit zu tun oder zum Einkommen beizutragen. In einer Familie oder einer Beziehung sind beide Erwachsenen für die Finanzen zuständig. Dazu gehört auch, sich gemeinsam einen Überblick zu verschaffen und die Verantwortlichkeiten aufzuteilen. Es gibt viele Möglichkeiten, wie man einen Teil der Verantwortung an den Alkoholiker zurückgeben kann. Man kann ihm als Folge seines Verhaltens z. B. auch den Zugriff auf das gemeinsame Konto sperren. Die Grenzen sind hier nicht einfach zu ziehen; unter Umständen braucht man die Hilfe Außenstehender. Beratungsstellen der Stadt oder Gemeinde helfen unentgeltlich z. B. bei der Entschuldung. Man sollte offen mit Vertretern des Geldinstituts sprechen und sich vor allem bei Suchtberatungsstellen informieren (siehe Adressenliste). Oft sieht der Mitbetroffene die Grenze zwischen Verantwortung und Ausbeutung nicht mehr scharf. Außenstehende haben da einen klareren Blick.

▶ «Mir fiel es immer schwer, wenn ich nicht diese klaren Grenzen ziehen konnte, z. B. beim Geld. Ich wollte nicht, daß er mich noch mal dabei betrügt, um sein Trinken zu finanzieren. Wir hatten vereinbart, getrennt die Sachen zu bezahlen, aber er hat seine Verpflichtungen natürlich nicht eingehalten. Ich dachte, verdammt, was machst du, wenn er seinen Anteil nicht zahlt. Da geht es nämlich los. Z. B. mußte er einen Dauerauftrag einrichten für die Nebenkosten unserer Wohnung. Dann hat er gemeint, die Bank hätte was verschlampt. Ich hatte Gott sei Dank mein eigenes Geld, mein eigenes Konto. Eine Zeitlang habe ich versucht, eine Gütertrennung zu erreichen, aber es war echt kompliziert. Und am Ende hätte ich doch für ihn geradestehen müssen, wenn er irgendwas Großes angestellt hätte. Das fand ich bitter, aber ich konnte es nicht ändern. Wir haben dann die Aufteilung geändert nach der Regel, daß er so das Tägliche bezahlt und ich die Hypothek für die Wohnung, Benzin und Sparen. Das hab ich weitergemacht. Ich habe ihm aber das Zugriffsrecht auf das Sparkonto verweigert.» (Uta, 39 Jahre) ◀

Auch bei anderen Angehörigen als dem Lebenspartner ist es wichtig, darauf zu achten, daß die finanziellen Verhältnisse und Verantwortlichkeiten klar geregelt sind. So sollte man z. B., wenn man einen alkoholkranken Verwandten in seine Wohnung aufnimmt, der Sozialhilfeempfänger ist oder wird, weil er nicht arbeiten kann, diesen als Untermieter anmelden, damit man nicht unterhaltspflichtig wird. Das gilt auch für nahe Verwandte wie die erwachsene Tochter oder den Vater.

Viele Dramen ereignen sich auch rund um das Thema «Berufstätigkeit». Alkoholiker kommen oft zu spät zur Arbeit, fehlen immer wieder mal einen Tag, haben Probleme am Arbeitsplatz und wollen die Stelle wechseln oder gar nicht mehr arbeiten, weil sie sich so schlecht fühlen.

Ist der Alkoholiker Alleinverdiener, bekommt man sicher Angst, wenn er seine Arbeit vernachlässigt und Kündigung droht. Hier konsequent zu bleiben und ihm nicht zu helfen, ihn nicht zur Arbeit zu fahren, nicht mehr am Telefon zu lügen, ihn morgens nicht mehrfach zu wecken, ist gar nicht so einfach. Doch gerade bei beruflichen Schwierigkeiten wird er ganz massiv mit der Realität konfrontiert, der Außendruck wird stärker, und er hat eine größere Chance, zu entdecken und sich einzugestehen, daß er sein Trinkverhalten nicht mehr im Griff hat. Ruth hatte sich zur klaren Grenzziehung zwischen ihrer und seiner Verantwortung entschieden.

▶ «Ich habe meinen Mann zwar immer noch geweckt, aber wenn er ja gesagt hat, dann war das genug für mich. Früher hab ich ihn gerüttelt und geschimpft: ‹Du kommst zu spät, steh auf!› Das habe ich dann gelassen. Zum normalen Dienst hat er es immer noch geschafft, aber zum Bereitschaftsdienst öfter nicht. Aber das ging mich dann nichts an.» (Ruth, 56 Jahre) ◀

Läßt man den Alkoholiker sein eigenes Leben leben und übernimmt keine Verantwortung für ihn, legt man ein Verhalten an den Tag, das völlig konträr zu dem bisherigen ist. Neues kann Angst machen. Doch man kann sich selbst die Chance geben, täglich neu und immer radikaler den Alkoholiker sich selbst zu überlassen, keine Dinge mehr für ihn zu übernehmen und sich dafür um so mehr um die eigenen Aufgaben zu kümmern. Jeder bekommt seine Verantwortung für sein eigenes Leben zurück und damit auch seine Würde.

Im Gespräch mit Sabine wurde mir noch einmal sehr deutlich, was für ein harter und manchmal langer Lernprozeß es ist, zu begreifen, daß man den Abhängigen die Folgen seines Trinkens ausbaden lassen muß.

Ich kannte ihren Sohn Daniel bereits, als er 14 Jahre alt war. Damals mußte ich ihr sagen, daß ihr Sohn alkoholabhängig ist und all seine Schwierigkeiten und Delikte mit dem Alkoholismus zu tun haben. Ich hatte ihr empfohlen, ihn immer dann, wenn er volltrunken irgendwo abgeholt werden mußte, zur Entgiftung in die Klinik einweisen zu lassen. Der Junge hätte dann eine Chance zu sehen, daß er nicht so wie andere trinkt. Diese und ähnliche Vorschläge, die für ihn die Folgen seines Trinkens erfahrbar gemacht hätten, erschienen ihr zu der Zeit unangemessen.

▶ «Damals hab ich manches nicht gesehen. Vieles war mir zu hart. Ich hatte Angst, ihn zu verlieren. Mir wurde ja früh meine Mutter genommen, sie war Alkoholikerin. Etwas Liebes zu verlieren ist so schlimm. Ich hab Angst gehabt, wenn ich mich ihm gegenüber so verhalte, ihn einweisen lasse, wenn er volltrunken ist, dann verlier ich seine Liebe, verlier ich das Kind.

Heute sag ich mir, das war der größte Fehler. Nur mit Konsequenz kannst du ihm helfen. Bei einem Süchtigen zeigst du mit Härte und Stärke deine wahre Liebe. Vielleicht hätte ich ihn damit besser beschützen können, denn er selbst konnte es damals mit 14 Jahren schon nicht mehr. Heute weiß ich, Daniel muß auch selber wollen. Das heißt nicht, daß ich ihn fallenlasse. Er soll wissen, daß ich ihn gerne habe, aber er muß sein Leben in die Hände nehmen.» (Sabine, 41 Jahre) ◀

Ich habe in verschiedenen Gruppen für Angehörige und Freunde von Alkoholikern über Jahre beobachten können, daß diese radikale Umkehr ihnen selbst auf Dauer gutgetan hat. Mitbetroffene wurden wieder zu Menschen, die wußten, was sie für sich wollten. Sie hörten auf, Märtyrer und Opfer zu sein, und bekamen neue Freude am Leben. Sie begriffen, daß sie sich zu Unrecht so tief in das Leben anderer eingemischt hatten. Das gab ihnen die Freiheit, den Alkoholiker die ganze Wucht seines verkorksten Lebens erfahren zu lassen und sich um sich selbst und das eigene Leben, das auch noch existiert, zu kümmern. Wenn Kinder da waren, profitierten auch sie von der Veränderung. Endlich hatten sie dann wenigstens einen Elternteil, der sich ihnen zuwandte, sie in ihrer Not sah, mit ihnen sprach und für sie da war. Immer wieder habe ich auch von «trockenen» Alkoholikern gehört, daß gerade diese radikale Veränderung Nahestehender sie verunsichert hat. «Plötzlich wurde mir die Verantwortung für mich zugeschoben, das Sicherheitsnetz war weg.» In den letzten Jahren habe ich häufig erlebt, wie die Veränderungen im Verhalten der Angehörigen eine Veränderung des Alkoholikers nach sich zog, auch wenn das manchmal Jahre dauerte.

Mit dem Alkoholiker reden

Mit einem Alkoholiker zu reden ist nicht ganz einfach. Mal ist er gut gelaunt, weil der Alkoholpegel stimmt. Dann ist er großzügig und hat Spaß mit den Kindern. Doch schon eine Stunde später kippt seine Stimmung plötzlich um, nun ist er gereizt, unruhig und schimpft mit jedem, der ihm in den Weg kommt. Will man einmal spontan etwas erzählen, was wichtig wäre, ist er meistens nicht ansprechbar, versucht man es dennoch, bekommt man die Folgen sofort zu spüren. Sagt man nichts, ist es verkehrt, spricht man ihn wegen einer dringenden Angelegenheit gleich an, paßt es ihm auch nicht, hat man etwas verabredet, so hält er sich häufig nicht daran. Er hört einem nicht wirklich zu, will aber gleichzeitig seine unendlichen Wiederholungen erzählen. Gespräche mit einem Alkoholiker sind oftmals mühevoll.

Doch auf das Gespräch mit dem Alkoholiker kann man im Alltag nicht völlig verzichten, und gerade auf diesem Gebiet fallen die meisten Mitbetroffenen wieder in ihr altes Mitspieler-Verhalten zurück. Um Ihnen bei diesen schwierigen Problemen ganz konkrete Hilfestellung zu geben, werden in den nächsten Kapiteln folgende Fragen anhand von Beispielen beantwortet:

Wann kann man mit ihm oder ihr ernsthaft reden, wie sollte man dabei vorgehen, wann hält man besser den Mund? Soll man mit einer alkoholkranken Person überhaupt noch soviel besprechen? Und wie rede ich mit ihm oder ihr über die Abhängigkeit vom Alkohol? Muß ich anderen überhaupt etwas über sein Trinken sagen? Was mache ich bloß mit dem Arbeitgeber und seinen Kollegen. Wie verhalte ich mich den Kindern gegenüber, noch haben sie nichts gefragt?

Als Mitbetroffene fühlt man sich oft in die Enge gedrängt. Man muß immer so vieles bedenken, so sehr aufpassen, das Richtige zu tun und zu sagen. Damit meinen Angehörige fast immer das Richtige für andere. Doch bei der Frage, wie man mit einem Alkoholiker reden sollte, geht es jetzt vor allem darum, die eigene Wahrheit zu finden und mitzuteilen.

Ehrlich werden – keine Lügen

In der Alkoholiker-Familie, in der ich aufgewachsen bin, wurde besonderer Wert auf Ehrlichkeit gelegt. Doch oft war es mir nicht möglich, die Wahrheit zu sagen. Ich durfte aber auf keinen Fall beim Lügen ertappt werden. Also vermied ich es zu lügen, wenn es um etwas ging, das für jeden objektiv nachprüfbar war, z. B. bei der Note einer Klassenarbeit. Später erkannte ich, daß Ehrlichkeit gefährlich war. Ich erzählte meiner Mutter ihre «Wahrheit», meinem Vater seine und meinem Bruder die Version, die ihn zufriedenstellte. Ich sagte jedem die «Wahrheit», die er oder sie hören wollte. Das ist in Suchtfamilien normal. Anders geht es in so einem kranken Familiensystem nicht, denn man darf das, was man tatsächlich denkt und fühlt, nicht aussprechen.

Wenn der Alkoholiker behauptet, nicht abhängig zu sein, tun die Mitbetroffenen so, als wäre nichts; nicht einmal miteinander reden sie über die Abhängigkeit und wie es ihnen damit geht. Sie halten nach außen hin die Fassade aufrecht. Dies ist eigentlich eine Lüge, weil man ja mit seinem Verhalten versucht, andere zu täuschen. Das gilt auch dann, wenn man etwas Gutes erreichen will: Man möchte dem anderen nicht weh tun, glaubt, ihn schonen zu müssen. Man verkleinert oder dramatisiert Probleme, spricht nur mit Dritten und nicht mit dem, den es angeht.

Jeder in einer Suchtfamilie hat sich die Fähigkeit, plausibel klingende Ausreden zu erfinden, erwerben müssen. Nur noch selten nimmt man die Lüge in den eigenen Ausreden wahr, zu selbstverständlich wird die Wahrheit von allen Beteiligten, den Süchtigen und den Mitbetroffenen, zurechtgebogen. Damit belügt man nicht zuletzt sich selbst. Denn «es ist unehrlich, ständig nur die Erwartungen anderer erfüllen zu wollen – gleich, ob sie für einen selber passen oder nicht. Es ist unehrlich, Täuschungsmanöver zu inszenieren.»[18] Es ist unehrlich zu lachen, wenn einem nach Weinen zumute ist, etwas anderes zu sagen, als man denkt und fühlt, es ist unehrlich, sich anders darzustellen, als man ist. In einer Suchtbeziehung haben alle Beteiligten weitgehend den Bezug zu dem, was sie wirklich fühlen und denken, verloren. Doch wer nicht weiß, was er im Innersten fühlt oder denkt, für den wird Ehrlichkeit sich selbst gegenüber absolut unmöglich. Damit aber wird es auch unmöglich, anderen gegenüber ehrlich zu sein.[19] Auch wenn einem das tägliche Verdrehen der Wahrheit gar nicht mehr bewußt wird, fühlt man sich doch irgendwie unbehaglich und braucht viel Kraft, um alles so hinzudrehen, daß man möglichst unbehelligt durch den Tag kommt.

Diese Unehrlichkeit ist auf Dauer überhaupt nicht hilfreich, auch wenn sie anfänglich als Erste Hilfe scheinbar ein Ausweg war. Sie wirkt immer destruktiv: Sie hilft dem Alkoholiker, sein Leugnen aufrechtzuerhalten, dient der weiteren Selbsttäuschung und damit seiner Selbstzerstörung. Sie vergiftet jede nahe Beziehung, auch die der Familienmitglieder untereinander, und ist hauptverantwortlich für viele der schlimmen Folgen, die Alkoholismus bei Erwachsenen und Kindern hervorruft.

Yvonne, die erwachsene Tochter einer Alkoholikerin, beschreibt das Bedürfnis, «häßliche Stellen» verbergen und daher lügen zu müssen.

▶ «Das Gefühl der Nacktheit und Bloßheit vor anderen ist schrecklich, so verletzlich dazustehen! Denn man möchte das, was man verbergen möchte, um jeden Preis verbergen, weil es einem selbst so schmutzig und verabscheuungswürdig vorkommt, daß man alles dafür tun würde, um nicht erkannt zu werden. Und der Mensch ist ja gewitzt, der schafft es ja gut, sich Leiden und Schmerzen vom Leib zu halten.

Eigentlich schafft man es nicht, weil es ja da ist. Aber man kann so tun, als wäre es nicht da, indem man es einfach wegschiebt, indem man versucht, nicht darüber nachzudenken, und indem man eben lügt, indem man sich und anderen was vormacht.» (Yvonne, 17 Jahre) ◀

Angehörige und Freunde von Alkoholikern beschreiben, daß sie sich oft wie in einem Nebel fühlen. Ihnen ist die innere Klarheit verlorengegangen. Es ergeht ihnen genauso wie dem Alkoholiker. Sie werden immer verwirrter. Durch Lügen und Leugnen verliert man die eigene Klarheit und fördert Mißtrauen und Kontrollverhalten, weil man selbst keinem mehr glauben kann. Diese Einstellungen wirken wie Krankheitserreger, die auch die Mitbetroffenen selbst vergiften. Mit Hilfe von Lügen versuchen sie, andere zu einem bestimmten Verhalten oder zu Einstellungen zu drängen, sie zu manipulieren.

Um geistig «trocken» zu werden und seine Klarheit zurückzugewinnen, muß man, genau wie der Abhängige, sein Leben, seine Einstellung, sein Verhalten und Tun von Grund auf ändern. Genau wie der Alkoholiker muß man anfangen, ehrlich zu sich selbst und anderen zu werden. Nur so kann man aus der Verwirrung und der Hoffnungslosigkeit herausfinden. «Klar sein», das heißt, so zu leben, wie es für Leib und Seele gesund ist, eine Lebensweise, bei der der Mensch sich und anderen nichts vormacht.[20]

Umgekehrt darf Ehrlichkeit allerdings nicht dazu benutzt werden, um jemanden fertigzumachen, z. B. um ihm sein Fehlverhalten vorzuwerfen. Der andere reagiert dann nicht auf das, was man sagt, sondern auf die verdeckte Botschaft – «Ich zeig's dir, jetzt hab ich dich» –, und wird mit Worten zurückschlagen oder sich voll Selbstmitleid zurückziehen. Da man mit diesem scheinbar ehrlichen Verhalten etwas erreichen will, wird die Handlung unehrlich. Man formuliert eine «Teilwahrheit», um ein ganz bestimmtes Ziel zu erreichen, sagt aber nicht, was man erreichen möchte. Dieses indirekte und damit täuschende Verhalten, mit dem man jemanden zu einer Verhaltensänderung bringen will, nennt man Manipulation. Durch solch ein manipulatives Verhalten wollen viele Mitbetroffene eine Krise herbeiführen, um den Alkoholiker endlich zur Besinnung zu bringen. Nur, so funktioniert das nicht. Statt eine Veränderung oder gar Einsicht beim Abhängigen zu erreichen, geht die ganze Familie wieder einmal durch die üblichen Qualen von Streit, Vorwürfen, Schreien, Angst, Türenknallen, Weinen und Sichbetrinken.

Genau das Gegenteil ist richtig: Mitbetroffene müssen lernen, sich zurückzuhalten und «die Krise eintreten zu lassen», sie nicht zu pushen, wie man in den Al-Anon-Gruppen sagt. Ehrlichkeit ist am wirksamsten, wenn sie aufrichtige Bemerkungen über einen selbst enthält. Es ist viel wirkungsvoller, ehrlich zu sagen: «Ich bin müde, ich gehe jetzt nach Hause», und dann wirklich zu gehen, als zu schimpfen: «Du hast zuviel getrunken, du mußt morgen wieder arbeiten. Wenn du jetzt nicht gehst, dann kommst du morgen früh wieder nicht hoch. Ich rufe dann nicht in der Firma an», aber am nächsten Morgen anzurufen und ihn krank zu melden. Der Alkoholiker weiß, daß die Mitbetroffene das tun wird, denn er kennt ihre Manipulationsversuche.

Schweigen lernen – keine Drohungen, kein Streit

In Beziehungen mit einem Alkoholiker gibt es viel Steit. Man beschimpft und beschuldigt sich gegenseitig, wobei sich jeder, auch der Alkoholiker, zu Unrecht angegriffen fühlt. Mitbetroffene glauben häufig, dem Abhängigen die Augen öffnen zu müssen mit Sätzen wie z. B.: «Unsere Tochter hat sich letztens bei der Oma beklagt, daß du gar nichts mehr mit ihr unternimmst. Aber in dem Zustand würde sie sowieso nichts mit dir machen wollen.»

Es ist überflüssig, dem Alkoholiker Schuldgefühle machen zu wollen, denn in bestimmten Phasen seines täglichen oder wöchentlichen Trinkens quält er sich ohnehin damit. In anderen Phasen erreichen solche Angriffe nur das Gegenteil. Man «erleichtert» ihm das Trinken, weil er nun einen zusätzlichen Grund hat weiterzumachen: die «ungerechten» Anschuldigungen, die er durchaus als manipulativ erkennt. Am besten ist es, in Zukunft zu schweigen, wo man bisher Vorhaltungen machte, argumentierte, schimpfte oder stritt. Denn Drohungen machen es dem Alkoholiker leichter, seine Schuldgefühle wegzuschieben. Mit Drohungen will man ihn unter Druck setzen. Er nimmt diesen Druck aber nicht ernst, weil die Mitbetroffene ihre Ankündigungen bisher nie wahrgemacht hat. Daher kann er diese Drohgebärden empört als Erpressung verurteilen und als willkommenen Trinkanlaß nehmen. Er braucht ja keine Konsequenzen zu fürchten.

▶ «Dauernd muß mein Mann in die Garage oder in den Keller. Immer muß er noch etwas holen oder arbeiten. Oder er muß in den Ort, ganz dringend etwas erledigen. Ich sage ihm dann nicht mehr, daß ich ihm das nicht glaube. Ich sage gar nichts dazu, obwohl ich weiß, daß er sich dann immer seinen Alkohol besorgt. Wie könnte er sonst so betrunken werden, denn offiziell trinkt er zu Hause kaum etwas. Ich sage nicht mehr: ‹Du lügst.› Ich streite nicht mehr mit ihm. Wenn er dann hinterher betrunken im Wohnzimmer sitzt und vor sich hin schimpft, dann setze ich mich in die Küche oder die Eßnische, so daß ich ihn nicht sehe und nicht plötzlich doch wieder im alten Fahrwasser bin. Ich bleibe ruhig, obwohl es mir oft schwerfällt. Ich würde ihn dann jedesmal am liebsten anschreien.» (Gabriele, 34 Jahre) ◀

▶ «Nachts, wenn er schlief und dann quer lag, da hätte ich gerne mitten drin im Bett einen Stacheldraht gehabt. Ich wußte, wenn ich von vornherein zum Schlafen in ein anderes Zimmer ging, dann machte er so einen Affenaufstand, das fände er jetzt nicht gut von mir und warum ich wieder denken würde, daß er getrunken habe, er fühle sich doch nur so schlecht. Weißt du, ich wäre so in Diskussionen erstickt, da hätte ich auch keine Ruhe gekriegt. Da wär halt gleich eine Saustimmung gewesen. Also bin ich erst ins gemeinsame Bett, dann war wenigstens Ruhe. Wenn er dann anfing, sich im Bett hin und her zu wälzen in seinem betrunkenen Zustand, dann mußte ich eben nachts aufstehen und umziehen.

Ich hab einfach am anderen Morgen gesagt: Ich mußte ausziehen. Aber das hab ich freundlich gesagt, ohne Vorwurf, ich wollte ihm ja keine

Schuldgefühle mehr machen, ich wollte ihm nur zeigen, da ist meine Grenze.» (Uta, 39 Jahre) ◄

Dieses neue Verhalten muß man üben und seine bisherigen Reaktionen bewußt beiseite schieben, ruhig bleiben, nicht schimpfen, keine Vorwürfe machen und keine Drohungen aussprechen. Mal schafft man es gerade noch zähneknirschend, nichts zu sagen, und mal fällt man in altes Verhalten zurück. Das ist völlig normal, denn man braucht längere Zeit, um alte Verhaltensweisen zu verändern. Hauptsache ist, daß man jeden Tag von neuem übt, nicht mehr auf die alkoholkranke Person «anzuspringen». Anderen Mitbetroffenen ist das Schweigen inzwischen schon ganz vertraut. Sie haben erlebt, daß Angriffe die Situation nur verschlimmern.

► «Ich habe gemerkt, daß das Zusammenleben mit meinem Mann immer schwieriger wurde. Ich hab mich zurückgezogen. All die Jahre habe ich versucht, ihn zu ändern, und gemerkt, das geht nicht. Ich merkte, ich dreh mich nur im Kreis. Da habe ich richtig eine Mauer zwischen ihm und mir aufgebaut, weil ich mit dem, was er tut, nicht einverstanden bin. Bei uns war abends oft dicke Luft und Schweigen. Das hab ich nicht gut ausgehalten, und so bin ich dann aktiv geworden. Ich arbeite im Kinderschutzbund mit, gehe zur Gymnastik oder mache meine restliche Hausarbeit. Inzwischen habe ich mehr Frieden gefunden, seit ich weiß, daß er krank ist.» (Angelika, 40 Jahre) ◄

Schweigen, statt dem Alkoholiker zu widersprechen und ihm die Meinung zu sagen; sich zurückziehen, statt zu schimpfen, zu drohen, zu verurteilen oder Schuldgefühle machen zu wollen; dieses Verhalten hilft einem, mit sich selbst eher im reinen zu sein. Auch wenn man bisher durch das Schimpfen Dampf ablassen konnte, so hat man damit dem Alkoholismuskarussell gleichzeitig Schwung verliehen und ist wieder aufgesprungen. Der Alkoholiker brauchte nur die entsprechenden Sätze zu sagen, und schon reagierte man wieder, und der verhängnisvolle, oft gefährliche Kreislauf von Streit und Gewalt begann. Hinterher war jeder erschöpft, verbittert und voller Groll auf den anderen.

Man kann Schweigen lernen, wenn man sich klarmacht, daß das Gerede des Alkoholikers nichts zu besagen hat. Sein Schimpfen, seine Beschuldigungen, seine Rechthaberei sind nur Ausdruck seiner körperlichen, geistigen und seelischen Krankheit. Angelika hat beschrieben, daß es anfangs schwerfällt, nichts mehr zu sagen. Das Schweigen auszuhalten ist nicht einfach. Doch man kann seine Arbeit machen, sich ablenken oder aus dem Zimmer gehen. Jede Tätigkeit ist besser als Streiten. Dieses Verhalten zeigt beim Alkoholiker Wirkung, weil man ihn damit völlig verblüfft. All seine Wortattacken oder Verteidigungsrituale laufen, anders als früher, ins Leere, verpuffen förmlich. Seine Verlegenheit ist dann oft deutlich zu sehen. Damit durchbricht man endlich das Reiz-Reaktions-Muster. Je häufiger man dieses neue Verhalten trainiert, um so mehr erlebt man die positiven Folgen, die es mit sich bringt. Man erlebt endlich wieder Stunden, in denen man mit sich in Frieden lebt, weil man sich fair und der Krankheit entsprechend verhalten hat. Man muß sich keine Vorwürfe machen. Denn man hat schon viel erreicht, wenn man sich selbst so verhält, wie man es eigentlich möchte.

Das, was nach außen hin als Anpassung erscheinen mag, entpuppt sich als passiver Widerstand der Mitbetroffenen, dessen Stärke ja gerade darin liegt, keine Angriffsfläche zu bieten. Passiver Widerstand hat seine größte Wirkung, wenn man ihn nicht einfach als eine Methode sieht. Die innere Haltung teilt sich dem Alkoholiker auch durch die Art des Schweigens mit. Schweigt man verbissen oder voll Mitleid mit sich selbst, dann nimmt der Alkoholiker dies noch mehr als Angriff wahr. Schweigt man, weil man ruhig und fest daran glaubt, daß alles andere die Situation für beide nur verschlimmert, dann teilt sich diese Entschlossenheit dem Alkoholiker mit. Fast alle Alkoholiker sprechen darauf an.

Die oberste Regel im Umgang mit Alkoholikern lautet: Solange jemand noch Alkohol im Blut hat, kann man mit ihm oder ihr nichts besprechen. Jedes Reden, das über das Beruhigen oder über alltägliche Bemerkungen hinausgeht, ist überflüssig, schadet nur und kann gefährlich sein. Auch auf dringende Aufforderungen muß man nicht mit Eile reagieren. Das gilt ebenfalls für Telefonanrufe von Alkoholikern, die nicht mit einem zusammenwohnen. Auch da ist Schweigen eine Zeitlang wichtig. Man muß erst mal in Ruhe herausfinden, wann und wieviel Kontakt man möchte und verkraften kann. Das gilt sowohl für erwachsene Kinder von Alkoholikern oder Eltern, deren Kind trinkt, als auch für Freunde von Abhängigen. Nur bei alkoholabhängigen Männern, die zur Gewalt neigen, muß man zusätzliche Vorkehrungen treffen. Mehr darüber im Kapitel «Sich schützen – keine Gewalt hinnehmen».

Grenzen setzen – keine Diskussionen

Alltagsprobleme löst man normalerweise lieber gemeinsam mit dem Partner. Auch mit dem Alkoholkranken will man weiterhin viele Angelegenheiten besprechen. Er soll nicht ausgeschlossen werden, schließlich gehen ihn diese Dinge genauso an. Außerdem soll er Entscheidungen mittragen, damit er hinterher nicht dagegen sein kann. Schließlich soll er die Verantwortung für seine Angelegenheiten selbst tragen, ebenso wie für die Folgen, die eintreten, wenn er sich nicht darum kümmert.

Doch solange der Trinkende Alkohol im Blut hat, kann man mit ihm nichts besprechen. Er vergißt das meiste und hat anderes – wie die nächste Trinkgelegenheit – im Kopf. Auch wenn er mehrere Tage nüchtern ist, heißt das nicht, daß er einer Sache noch zustimmt, wenn er wieder getrunken hat. Deswegen ist es wichtig, über Alltagsdinge nicht zu diskutieren, sondern nur zu informieren und ihm die Entscheidungen mitzuteilen. Dabei muß man einiges beachten, damit es nicht statt zu Ruhe und Klarheit doch zu Kampf und Vorwürfen kommt.

▶ «Immer hatte ich diese Schlafstörungen durch ihn. Ich hab dann gesagt, ich kaufe jetzt eine richtige Schlafcouch für nebenan. Ich habe ihn nicht erst gefragt, ich hab's einfach getan. Das war wichtig. Ich habe eine gekauft, eine gute, die ein richtiges Lattenrost hatte. Ich habe ihm gesagt, wenn ich jede Nacht ausziehen muß, dann brauche ich ein vernünftiges Bett.» (Uta, 39 Jahre) ◀

Uta hat begründet, warum sie sich die etwas teurere Couch gekauft hat. Sie kann ihm das offen mitteilen, weil sie damit gar nicht die Absicht verbindet, ihm etwas heimzuzahlen oder ihn beschämen zu wollen. Sie tut etwas für sich, nicht gegen ihn. Wenn man begreift, daß man das Recht hat, für sich zu sorgen und gut zu sich selbst zu sein, dann gewinnt man Klarheit im Umgang mit der alkoholkranken Person. Mit dieser Einstellung kann man auch heikle Entscheidungen ruhig vertreten.

Uta hat sich an solch eine heikle Situation erinnert, und wir haben den Dialog mit ihrem alkoholabhängigen Mann Thomas aus dem Gedächtnis aufgezeichnet. Die Situation ist folgende: Uta kommt gerade von der Bank, wo sie ihrem Mann die Unterschriftsberechtigung entzogen hat. Auf dem Parkplatz hat sie noch einige Zeit im Auto gesessen und geweint. In der Wohnung angekommen, registriert sie, daß Thomas noch relativ nüchtern ist.

UTA: *(Ich will es ihm gleich sagen, bevor er wieder mehr getrunken hat. Ich will, daß er dies nüchtern hört. Es ist richtig, was ich mache. Und ich bleibe dabei. Ich sag's ihm einfach frei heraus.)*

«Thomas, du, ich hab mein Gehaltskonto und das Sparkonto für dich gesperrt.»

Thomas rührt sich nicht. Er sitzt da mit eiserner Miene und schweigt, wie meistens, wenn Uta ihm etwas zu sagen hat.

UTA: *(Ihn jetzt nicht anklagen, nur die Fakten nennen!)*

«Weißt du, denn wenn du dich totsäufst, dann muß ich ja später irgendwie selber hier klarkommen, dann brauch ich das Geld. Das wollte ich dir sagen, damit du Bescheid weißt.»

THOMAS: «Das mach ich bei dir auch, du kannst dann auch nicht mehr an mein Geld.»

UTA: «Dann mach es!»

Wenn man sich konsequent an die neuen Verhaltensweisen halten und trotzdem freundlich bleiben will, ganz egal, was auch passiert, dann muß man in dem, was man tut, sicher sein, es kurz und knapp mitteilen, ehrlich und ohne Ausflüchte und Beschönigungen begründen und das «Gespräch» dann beenden. Man kann, wenn man von seiner Entscheidung überzeugt ist, eine selbstverständliche Sicherheit ausstrahlen, gegen die der Alkoholiker normalerweise nicht angehen mag. Je klarer die innere Entscheidung ausfällt, um so besser kann man sie umsetzen, ohne wie früher den Alkoholiker beschuldigen und beschimpfen oder sich rechtfertigen zu müssen. Meist braucht man dann – normalerweise – keinen großen Widerstand zu erwarten. In der Regel ist Schweigen die Antwort. Das ist auch völlig ausreichend, weil da der Alkoholiker ja nur informiert wird.

Vorsichtig muß man aber sein, wenn man mit einem Alkoholiker lebt, der zu Aggressionen neigt. Er kann an einem Tag solch eine Entscheidung ruhig hinnehmen, da er gerade eine Phase hat, in der ihn sein schlechtes Gewissen drückt. Doch er wird wahrscheinlich im betrunkenen Zustand darauf zurückkommen und dann seinem ganzen Frust freien Lauf lassen.

Die meisten «Gespräche», die man mit angetrunkenen Alkoholikern führt, beschäftigen sich mit anderen Menschen, Sachverhalten oder Ereignissen. Viele Alkoholiker haben die anstrengende Neigung, sich unendlich über alles aufzuregen. Sie kritisieren und nörgeln, sie regen sich über Menschen und Dinge in ihrer Umgebung auf und lamentieren über alles, was ihnen in den Weg kommt. Sie müssen im angetrunkenen Zustand ihren Alltagsfrust mit anderen diskutieren und geben dabei immer anderen die Schuld. Sie allein wissen, was richtig gewesen wäre. Ihre eigenen Fehler sehen sie natürlich nicht. Sie sind Weltverbesserer, ohne einen Finger zu rühren, voll Selbstmitleid und mißbrauchen andere hemmungslos für ihre Endlosdiskussionen.

▶ «Was haben wir früher für Gespräche geführt, über Weltschmerz, die böse, böse Welt und all die bösen Politiker, er immer betrunken im Kopf. Ich war abends sowieso schon total erledigt von meiner Arbeit und er wollte noch bis spät in die Nacht mit mir reden. Ich kam erst eine Stunde nach ihm nach Hause. Er hat natürlich nichts getan, ich hab dann alles weggeräumt, mir eine Scheibe Brot gemacht, und er hat dabei seinen ganzen Müll aus dem Alltag, den er nicht verarbeitet hatte, über mich ausgeschüttet. Das hab ich dann geändert.» (Uta, 39 Jahre) ◀

Auch diese Szene haben wir noch einmal lebendig werden lassen:
UTA: «Hallo Thomas! Ach, schön, endlich zu Hause zu sein.»
(Er hat wieder nichts weggeräumt. Ist auch egal, ich will jetzt erst mal Ruhe haben.)
THOMAS: «Mein Kollege, du weißt ja, der Neue, der hat heute wieder rumgesponnen, der bildet sich doch glatt ein...»
UTA: «Du, Thomas, entschuldige, ich komme gerade von der Arbeit. Du weißt, dann brauche ich etwas Ruhe. Eine Stunde reicht mir, dann hab ich Zeit.»
(Schnell erst mal aufs Klo, damit ich Luft schnappen kann.)
   Uta hat sich eine Viertelstunde später aufs Sofa gelegt und liest die Zeitung.
THOMAS: «Im Betrieb haben die heute vielleicht einen Unsinn gemacht, die wollen doch glatt, daß unsere Abteilung dabei mitmachen soll. Ich denke gar nicht daran, da...»
UTA: «Du, entschuldige, laß mich noch in Ruhe. Eine Stunde!»
Fünf Minuten später:
THOMAS: «Hast du schon gehört, was der Kohl wieder gesagt hat, wenn die so weitermachen, dann schaffen die es noch, daß wir alle...»
UTA: *(Ich habe ein Recht darauf, etwas Zeit für mich zu haben. Ich muß ihm jetzt nicht zuhören, ich kann auch gar nicht, ich bin müde und brauche meine Ruhe.)*

«Jetzt nicht, laß mich noch in Ruhe.»

Zehn Minuten später:

THOMAS: «Das ist ein toller Artikel hier im Spiegel! Also, das geht um diese Verflechtung von der Chemiefirma mit...

UTA: «Thomas, ich bin jetzt müde, erzähl mir das einfach morgen früh, jetzt nicht. Vergiß es aber nicht.»

▶ «Der Satz ist ein absoluter Gesprächskiller: ‹Du, jetzt nicht, morgen früh können wir gerne darüber sprechen.› Ganz lieb habe ich das gesagt. Am anderen Morgen wollte er natürlich nicht mehr darüber reden, aber ich hatte am Abend meine Ruhe. Vor lauter Frust hat er sich dann hinten in sein Zimmer verkrümelt und wahrscheinlich noch mehr einen gehoben oder auch nicht. Das war mir auch völlig egal. Hauptsache, ich bekam meine Ruhe, die ich dringend brauchte.» (Uta, 39 Jahre) ◀

Es wirkt sehr unterstützend, kurze Sätze zu sich selbst zu sagen, in denen die neu gewonnene Einstellung zum Ausdruck kommt. Am Ende dieses Buches finden Sie einige Vorschläge für solche «gesunden Gedanken». Diese Sätze unterstützen Sie aber nur dann, wenn Sie den Inhalt wirklich für wahr halten. Die Gedanken müssen «andocken», also eine feste Verbindung mit ihren Einstellungen eingehen. Ihr Gefühl sagt Ihnen, ob z. B. solch ein Satz: «Ich darf mir Zeit für mich selbst nehmen» wirklich angedockt ist. Sätze dieser Art formulieren selbstverständliche Rechte und Grundbedürfnisse jedes Menschen, die Mitbetroffene allerdings zunehmend aufgegeben haben. Für seine Rechte und Bedürfnisse kann man sich ruhig, selbstverständlich und sogar freundlich einsetzen. Die Entschiedenheit und der Wille, dieses Verhalten durchzuhalten, helfen einem, sich darauf zu konzentrieren. Darüber hinaus lenken sie einen auch von dem ab, was der Alkoholiker will, denn man hat genug damit zu tun, die eigene veränderte Einstellung in die Tat umzusetzen. Oft braucht man wirkliche Konzentration, um sich daran halten zu können, z. B. bestimmte Dinge nicht mehr zu sagen. Diese Konzentration auf das eigene Verhalten unterstützt den Vorgang, sich vom Alkoholiker und damit von dem Problem zu lösen.

Wenn man sich, wie bisher, auf das Problem konzentriert, dann bleibt man im Problem, konzentriert man sich auf die Lösung, geht man aus dem Problem heraus, und viele unterschiedliche Lösungsansätze werden sichtbar und möglich.

Sich schützen – keine Gewalt

Ein Alkoholiker kann jede Handlung und jede Aussage völlig selbstbezogen als einen Angriff auf seine Person wahrnehmen. Daher reagieren eine ganze Reihe von Abhängigen, wann immer sie sich nicht wohlfühlen, mit Aggressionen, Männer wesentlich häufiger als Frauen. Schnaps und andere harte Getränke feuern Wut und Gewaltbereitschaft zusätzlich an. Frauen greifen eher zu verbaler Gewalt, Männer schlagen meist nicht nur mit Worten zu. Sie verprügeln Frauen und Kinder. Türen, hinter denen sich Mitbetroffene schützen wollen, werden eingetreten, Gegenstände zerstört. Das ganze Inferno einer Alkoholikerhölle bricht aus. Diese direkte körperliche Gewalt ist gefährlich und verletzt nicht nur den Körper, sondern auch die Seele.

Um mit solchen Situationen fertigzuwerden, hilft es, sich die Erfahrungen von Frauen zunutze zu machen, die unbedingt lernen mußten, wie man jede Provokation vermeidet und wodurch man die vom Alkohol hochgeputschte Wut entschärfen kann. Ruth nennt das ihr «Überlebenstraining». Wie bei jedem Training dauert es einige Zeit, bis man die neuen Verhaltensweisen ganz selbstverständlich einsetzen kann. Sie werden nie ohne Anstrengung ablaufen, weil es sich nicht um normale, spontane Reaktionen handelt, sondern um «Überlebenshilfen». Außerdem hat man eigentlich keine Übungsphase, man muß sofort in der realen Situation die neuen Verhaltensweisen anwenden. Das kostet vor allem am Anfang, wenn man die positive Wirkung für sich selbst noch nicht erfahren hat, viel Willenskraft.

▶ «Mein Mann war auch sehr oft aggressiv. Er hat mich mal angefallen, es ging noch so, ich war ja auch nicht ohne und hab mich gewehrt. Ich hatte zwar blaue Flecken am anderen Tag und konnte nicht mit kurzen Ärmeln rausgehen. Doch dann habe ich gelernt, mich zu beherrschen. Ich habe instinktiv gemerkt, es ist wichtig, daß ich mich unter Kontrolle habe. Natürlich hab ich Gefühle weggeschoben. Das mußte ich, denn ich merkte ja, wie gefährlich es wäre, wenn ich jetzt weiterschimpfen, selber aggressiv werden und ihn gleich mit Vorwürfen empfangen würde wie: Du hast wieder getrunken! Das war zu gefährlich für mich und auch für die Kinder.» (Ruth, 56 Jahre) ◀

Ruth und ich haben eine typische Szene, in der der Mann nach Hause kommt, aus dem Gedächtnis nachgeschrieben. In den Klammern haben wir ihre Gedanken notiert, die sie wie einen Schutzwall um sich legte, damit sie nicht wieder in den früheren verbalen Schlagabtausch, der so gefährlich ist, verfallen würde.

Frank kommt nach Hause und klingelt Sturm.

(Er hat schon wieder seinen Schlüssel nicht gefunden, immer muß ich für ihn rennen! Achtung! Ruhig bleiben, versuche freundlich zu sein. Denk dran, das ist ein Zeichen seiner Krankheit. Ach, was heißt hier Krankheit!)

Ruth öffnet die Tür, sie sieht an seinen Augen, daß das heute kein einfacher Abend wird, er hat etwas in seinem Blick, das sie fürchten gelernt hat. Dann riecht sie es auch.

(Schnaps, er hat wieder Schnaps getrunken. Sei bloß vorsichtig, er ist bestimmt nicht gut gelaunt.)

«Na... guten Abend, Frank.»

«Was heißt hier *na*!»

(Was hab ich denn jetzt Falsches gesagt? Hör auf, da war nichts falsch. Ich weiß doch, wenn er mich beschuldigt, hat das nichts mit mir zu tun. Er will mich nur angreifen.)

«Was guckst du mich so an?»

«Wo soll ich denn sonst hingucken?»

(Alles kann ich auch nicht schlucken, ich bin nicht sein Mülleimer.)

«Hattet ihr viel zu tun? Komm, ich mach dir erst mal einen Kaffee.»

«Kaffee brauch ich nicht, hast du das Essen noch nicht fertig?»

«Wir essen doch erst um sieben, wenn der Junge auch da ist.»

(Laß dich nur nicht provozieren, bleib ruhig, sonst gibt es Krach.)

«Alles dreht sich hier nur um die Kinder, ich spiele hier gar keine Rolle mehr. Ich darf nur für euch alle arbeiten.»

(Gar nicht darauf eingehen, die Diskussionen hatten wir, das führt zu nichts. Er will Streit. Aber heute hat er bei mir kein Glück.)

«Komm ins Wohnzimmer, wärm dich erst mal auf, ich mach dir ein Brot.»

(Warum reagiert sie nicht, sie hat noch nicht einmal gefragt, ob ich getrunken habe, bestimmt will sie was von mir.)

«Was liegen hier für Sachen rum, das sieht ja hier aus. Kannst du nicht wenigstens für Ordnung sorgen! Hab ich eine Schlampe als Frau!»

(Es geht schon los, aber ich brauch mir das nicht anzuziehen, ich weiß, was ich tue. Von einem Besoffenen laß ich mich nicht mehr provozieren.)

«Ja, du hast recht, das sieht ziemlich durcheinander aus. Sonja und Sebastian werden das nachher wegräumen, wie du siehst, sind das ihre Sachen. Ich habe ihnen allerdings Zeit bis zum Schlafengehen gegeben.»

(Stopp, nicht mehr sagen, nicht seine bepinkelte Unterhose, die er vorm Bett liegen hat, erwähnen. Die wird er schon sehen.)

«Die Kinder dürfen hier machen, was sie wollen, aber ich darf ja nichts sagen. Ich hab hier überhaupt nichts mehr zu sagen. Wer bin ich denn schon.»

Ruth schweigt, geht in die Küche. (Jetzt kommt die Selbstmitleidstour. O. K., die kann ich aussitzen.)

Frank ist ins Wohnzimmer gegangen und hat sich aufs Sofa gelegt. Ruth kommt mit dem Brot, stellt ihm die Flasche Bier mit einem Glas dazu, sie bringt einen sauberen Aschenbecher. Er stellt den Fernseher an.

Auf einmal hört sie ein Klirren. Sie geht ins Wohnzimmer und sieht, daß er das Glas umgekippt hat. Er brüllt sie an.

«Was stellst du das Glas so dämlich hin. Hier ist alles viel zu vollgepackt. Und was ist mit dem Bild los, hast du wieder am Apparat rumgespielt? Das ist ja kein Empfang, ich will ein anständiges Bild haben!»

(Ruth fühlt sich hilflos, die Situation geht an ihre Nerven, mühsam erinnert sie sich: Nichts sagen, halt einfach den Mund, laß ihn schreien, das läuft ins Leere.

Denk dran, wenn er sich so verhält, fühlt er sich schlecht. Bleib ruhig, sonst wird es noch schlimmer. Ich bleib ruhig, egal was kommt, ich bleib ruhig!)

Das Zeichen für Störung ist auf dem Bildschirm zu sehen.

«Schau, jetzt ist das Bild klar.»

(So neutral wie möglich sprechen.)

Er setzt sich wieder hin, schimpft aber leise weiter. Ruth geht in die Küche zurück, macht die Tür zu, lehnt sich gegen die Tür und atmet tief durch. *(Wie lange ich das noch durchhalte, weiß ich nicht. Aber für heute hab ich's wieder geschafft. Das war nicht leicht, aber ich hab's gebracht. Das werde ich beim nächsten Gruppentreffen [= Unterstützungsgruppen für Angehörige von Alkoholabhängigen] erzählen. Jetzt noch die Kinder ans Aufräumen erinnern, damit kein Anlaß da ist, sie anzubrüllen.)*

Ulla lernte schon als Kind, sich so zu verhalten, daß der trinkende Vater beruhigt oder wenigstens nicht weiter provoziert wurde. Das ist keine gesunde Art aufzuwachsen, aber sie hatte damals keine Wahl:

▶ «Es ging mir als Kind total gegen den Strich, daß meine Mutter immer verlangte, daß ich, genau wie sie, ruhig bleiben sollte, wenn Vater durchs Haus tobte. Ich durfte ihn nicht anschreien, nur still im Bett bleiben, auch nicht weinen, ihn nur ja nicht provozieren. Die einzige Chance, die wir hatten, um ihn ruhig zu bekommen, lag bei meinem Bruder. Der war so groß und stark, daß er Vater zwingen konnte aufzuhören. Wenn der nicht da war, dann mußten wir warten, bis Vater sich ausgetobt hatte. Doch so einfach war das gar nicht. Als ich größer wurde, bin ich dann statt Mutter zu ihm in die Küche gegangen, habe ihm Essen warm gemacht oder ihm eine Flasche Bier gegeben. Ich habe einfach versucht, freundlich zu sein, mit viel Angst im Herzen, die er aber nicht mitkriegen durfte. Mich schlug er nicht, aber meine Mutter und meine Brüder, als sie noch klein waren. Dann hat er oft noch ganz lange geschimpft. Und immer wenn ich merkte, daß da wieder dieser scharf aggressive Tonfall kam, der so gefährlich war, weil er dann wieder lostobte, dann hab ich was Nettes gesagt. Das klappte manchmal, es nahm dann die Spannung weg. Ich weiß überhaupt nicht, was ich gesagt habe. Vielleicht war ja auch nur der Tonfall wichtig. Das ganze dauerte immer viele Stunden. Wenn er dann endlich im Bett war, konnte es sein, daß er noch mal loslegte. Schlafen konnten wir dann nicht.» (Ulla, 51 Jahre) ◀

Während der Wutausbrüche ist es wichtig, zu schweigen oder auch kurze Antworten zu geben und so freundlich, wie man es schafft, auf ihn einzugehen. Der Gedanke: «Er ist alkoholkrank, und sein Verhalten gehört zu seiner Krankheit» kann dabei helfen.

Man muß nicht auf die Wut eines anderen reagieren, sondern kann versuchen, ruhig zu bleiben und sich wie eine Beobachterin innerlich zu distanzieren. Doch man sollte nicht alles um jeden Preis aushalten wollen. Vor allem aber sollte man genügend Distanz zu seinem Verhalten haben, um genau registrieren zu können, ab wann es zu gefährlich für einen selbst und / oder für die Kinder werden könnte.

Wenn wirklich Gefahr droht, ist es allerdings meist zu spät, um noch Vorbereitungen für Schutz oder Hilfe treffen zu können. Alles muß dann sehr schnell gehen. Darum sollten Familienangehörige, die mit einem aggressiven Alkoholiker zusammenleben, vorbeugend eine Tasche mit folgendem Inhalt packen:

- Notgeld für eine Übernachtung im Hotel oder eine Taxifahrt zu Verwandten bzw. Freunden;
- Nachtzeug für sich und gegebenenfalls für die Kinder;
- Kleingeld zum Telefonieren *und* eine Telefonkarte;
- ein kleines Heft (besser als ein Zettel, den man in der Eile nicht findet) mit Adressen von der nächsten Polizeiwache, vom Notarztdienst, vom polizeilichen Notruf, von Freunden oder Verwandten, zu denen man sich flüchten kann und mit denen man schon vorher über solch eine Möglichkeit gesprochen hat, oder von Hotels und Pensionen;
- Telefonnummer des nächsten Frauenhauses (Häuser, die Frauen in Not aufnehmen).

Alle diese Telefonnummern finden Sie im örtlichen Telefonbuch. Sie sollten außerdem noch ins persönliche Telefonbuch, das alle Familienmitglieder benutzen, eingetragen werden (Ausnahme: die Telefonnummer vom Frauenhaus), damit Kinder in Notlagen auch wissen, wo sie anrufen können.

Diese Tasche sollte leicht zugänglich immer bereitstehen, z. B. im Auto, wenn Sie einen eigenen Wagen haben. Gehen Sie in einem Moment fort, in dem der Alkoholiker abgelenkt ist. Bei Gefahr hat es keinen Zweck, ihn zu informieren oder ihm eine Trennung anzukündigen, gehen Sie einfach! Wenn er betrunken und eine Gefahr für Sie und die Kinder ist, schaden Sie sich und ihm, wenn Sie ihm auch nur die Chance lassen, gewalttätig zu werden. Vielleicht wird Ihnen erst durch solche Vorbereitungen ganz deutlich, wie real die Gefahr für Sie selbst und Ihre Kinder ist. Frauen, die aus einem Elternhaus kommen, in dem ihre Mutter, ihre Geschwister und/oder sie selbst Opfer bzw. Zeuge von Gewalt waren, sehen die aktuelle Gefahr oft nicht. Sie sind dieses gewalttätige Szenario gewöhnt und neigen dazu, den Täter vor sich und anderen zu entschuldigen. Häufig geben sie sogar sich selbst die Schuld, weil sie ihn angeblich durch Beschimpfungen oder Nörgeln gereizt hätten. Doch es gibt keine Entschuldigung für jemanden, der andere schlägt. Niemand muß sich Gewalt gefallen lassen oder glauben, er hätte das verdient. Man sollte sich im Gegenteil fragen, wie lange man das noch aushalten will, und sich Unterstützung holen.

Als Kind habe ich versucht, auf meinen Vater einzuschlagen, um ihn von meiner Mutter abzulenken. Gewalt provoziert oft Gegengewalt. Aber ich habe gelernt, daß alle Schläge auch den treffen, der schlägt. Man verletzt sich selbst. Niemand schlägt einfach so auf einen Täter in der

Familie ein, immer ist Angst oder hilflose Wut die Ursache. Christa erzählte über die Situation mit ihrem alkoholabhängigen Mann:

▶ «Er saß dann auf der Treppe, beschimpfte mich, und ich hatte immer Angst, daß er mir was tun würde. Manchmal kam er ins Schlafzimmer, hat mich so angeleuchtet mit der Taschenlampe. Dann hat er zu mir gesagt, du schläfst gar nicht, du tust nur so. Ich hatte sehr viel Angst. Ich bin aggressiv geworden und habe gemerkt, mit meiner Aggressivität halte ich ihn in Schranken. Ich konnte ihn runterhalten, damit er mir nichts tut.

Ganz zum Schluß bin ich selbst gewalttätig geworden. Das war ganz schlimm. Da hab ich Angst bekommen, was da mit mir passiert. Ich hab ihn geschlagen. Ich finde so was unmöglich, ganz schrecklich, das bin ich irgendwie nicht. Ich habe auf ihn eingedroschen. Auch als wir schon getrennt lebten, habe ich wieder auf ihn eingeschlagen. Ich dachte, das bist du eigentlich nicht. Ich bin ausgerastet und fand das selbst schrecklich. Das hat mich kaputt gemacht, aber ich wollt mich eben nicht schlagen lassen. Bevor er mich schlägt, schlag ich zuerst.» (Christa, 38 Jahre) ◀

Viele Frauen von Alkoholikern erleben noch eine andere Art der Gewalt. Eine größere Anzahl von betrunkenen Ehemännern und «Partnern» vergewaltigen ihre Frau. Wer dies mehrfach hat zulassen müssen und sich daraufhin nicht von dem Mann getrennt hat, wird bestimmt schon als Kind erlebt haben, wie Erwachsene immer wieder die eigenen Grenzen niedergetreten haben. Oft sind betroffene Frauen schon als Kind körperlich, sexuell und psychisch mißbraucht worden. Vergewaltigung bleibt Vergewaltigung, egal ob sie «draußen» oder in einer Ehe passiert. Vielleicht ist es sogar noch schlimmer, wenn jemand, den man geliebt hat, einen zum Sex zwingt. Kein Mann, auch nicht der eigene Partner, hat das Recht, eine Frau mit Gewalt oder Drohungen dazu zu bringen, daß er Sex mit ihr haben kann. Inzwischen wird das endlich auch in allen deutschen Parteien so gesehen; Gesetzesentwürfe, die Vergewaltigung in der Ehe unter Strafe zu stellen, wie es bei sexuellem Mißbrauch von Kindern und Jugendlichen schon geschieht, sind auf dem Weg. Frauen müssen sexuelle Gewalt auf keinen Fall hinnehmen.

Es tut sicher gut, noch einmal schwarz auf weiß zu lesen, daß erzwungener Sex in der Ehe auch eine Vergewaltigung ist. Aber das ändert die Situation dieser Frauen nicht wirklich. Ich hab öfter von Betroffenen gehört: «Was nützt es, daß ich weiß, er darf das nicht, wenn er doch nicht damit aufhört.» Es fällt mir schwer, hier die richtigen Worte zu finden. Wenn Sie betroffen sind, dann achten Sie so gut auf sich, wie es Ihnen nur eben möglich ist. Tun Sie in der gewalttätigen Situation alles, was Ihnen Erleichterung bringen kann. Schieben Sie Schuldgefühle, weil Sie sich nicht durchsetzen und wehren können, weg. Sie haben keine Schuld. Es gibt Beratungsstellen wie z. B. pro familia, die Ihnen helfen können, ohne daß sich für Sie die Gefahr noch vergrößert. Finden Sie eine Freundin, der Sie sich anvertrauen, fragen Sie andere Frauen nach einer guten Frauenärztin, die zuhört und sich Zeit nimmt. Melden Sie sich bei einer Suchtberatungsstelle an, gehen Sie zu einer Selbsthilfegruppe nur für Angehörige. Lesen Sie Artikel und Bücher zu Ihrem Problem. Lernen Sie, gut zu sich zu sein, und tun Sie jeden Tag etwas ganz bewußt für sich. Dann können Selbstachtung und Kraft, sich für sich selbst einzusetzen, wieder wachsen. Sie werden lernen können, sich nicht weiter verletzen zu lassen.

Viele Partnerinnen von Alkoholikern sind froh, daß sie diese eben beschriebene Gewalt nicht in ihrer Beziehung und Familie erleben. Ihr Mann beschimpft sie ja *nur* häufig und ist grundlos eifersüchtig. Er wird unter dem Einfluß von Alkohol zunehmend unberechenbarer und neigt dazu, die Partnerin für seine Ausbrüche oder sein Verhalten verantwortlich zu machen. All das passiert aber meist nicht vor Fremden. Ihren Gefühlen gegenüber ist er intolerant, ihre Empfindungen und Ansichten beurteilt er als unzutreffend. Einige Männer kapseln sich feindselig ab oder sind streitsüchtig, anderen gegenüber aber spielen sie den netten Kerl. Sie kritisieren ihre Partnerin ständig, eigene Gefühle halten sie dagegen zurück. Wenn diese Beschreibung in etwa für Sie zutrifft, dann erleben Sie verbale Mißhandlung. Schläge treffen den Körper und die Seele. Um das Selbstwertgefühl zu zertrümmern, sind auch Worte, die angreifen und niedermachen, ausreichend. Ein Alkoholiker kann eine andere Person vollständig durch Herabsetzung, Lächerlichmachen und Drohungen kontrollieren.

Ein großer Teil der Alkoholiker mißhandelt zumindest mit Worten seine Partnerin und z. T. auch seine Kinder. Oft wird diese verbale Gewalt nicht für so kränkend und verletzend gehalten. Das Wort «Mißhandlung» trifft jedoch den Sachverhalt genau, weil diese Verletzungen tief gehen und weitreichende Folgen für die Mißhandelten haben. Die Gewalt mit Worten trägt viel dazu bei, daß Frauen ihr Vertrauen in sich selbst und ihre Selbstachtung verlieren. Damit schwindet ihre Kraft, sich für sich selbst einsetzen zu können. In einer Beziehung, die von verbalen

Mißhandlungen geprägt ist, existiert, genau wie bei sexueller und körperlicher Gewalt, nur die Illusion einer echten Partnerschaft, da es an Gegenseitigkeit, Intimität, Bestätigung und Wohlwollen fehlt.[21]

Über die Abhängigkeit reden

Alkoholismus ist ein Tabu; nur selten wird darüber geredet. Den Alkoholiker selbst spricht man anfangs nur dann auf seinen Alkoholkonsum an, wenn er betrunken ist. Meistens ist man dann wütend, enttäuscht und möglicherweise voll Haß. Auch wenn man ihn am anderen Morgen auf sein Trinken anspricht, schwingt fast immer Verachtung und Enttäuschung in der Stimme mit: «Du warst ja gestern wieder total betrunken.» Alkoholiker reagieren empfindlich auf die Gefühle hinter den Worten. Wenn ein Abhängiger spürt, wie sehr ihn die Partnerin, die Eltern, die Kinder verachten, wie sehr sie von ihm enttäuscht oder wie wütend sie auf ihn sind, so ist das nur Wasser auf den Mühlen seines Selbstmitleids. Er fühlt sich im Stich gelassen und angegriffen. Wieder ein Grund mehr zum Trinken!

Will man mit einem Alkoholiker über seine Abhängigkeit sprechen, so muß man warten, bis er relativ nüchtern ist, einen Kater hat und erreichbar ist. Man macht sich am besten selbst noch einmal klar, daß Alkoholismus eine Krankheit ist, und redet dann so sachlich wie möglich mit ihm darüber. Das schließt Gefühle nicht aus, läßt aber keinen Platz für Beschimpfungen und Anklagen.

Ruth machte den ersten Versuch, ihrem Mann beizubringen, daß er Alkoholiker ist, zu einem Zeitpunkt, als sie noch nicht genügend über Alkoholismus wußte. Doch sie war schon in der Lage, ihm ganz ruhig zu sagen:

«Frank, du bist Alkoholiker, aber das ist eine Krankheit. Das kann man in Ordnung bringen. Du brauchst nur nicht zu trinken!»

Frank, ihr Mann, lachte schallend. Als Ruth das erzählte, mußte ich ebenfalls lachen. Das gleiche habe ich früher auch geglaubt. Ich habe mich wiedererkannt. Doch Ruth und ich, wir haben inzwischen dazugelernt. Wie wenig weiß man doch am Anfang über Alkoholismus, wie einfach stellt man sich das «Aufhören» vor! Frank wußte selbst am besten, daß sein Problem darin bestand, plötzlich immer wieder zu trinken, wenn er sich eigentlich fest vorgenommen hatte, es nicht zu tun. Eine andere häufige Antwort, die man bei den ersten Versuchen bekommt, lautet: «Ich trinke, weil's mir schmeckt, das ist alles. Ich mag eben gerne Wein oder Cognac oder Bier...» Oder: «Wenn ich Alkoholiker sein soll, dann ist die Hälfte des Dorfes Alkoholiker!»

Ruth hat damals nicht aufgegeben. Sie hat ihren Mann immer mehr losgelassen, aber nicht fallengelassen. Dazu gehörte für sie, ihn von Zeit zu Zeit mit Informationen zu versorgen.

▶ «Wenn ich einen Artikel über Alkoholismus fand, dann habe ich den meinem Mann hingelegt. Natürlich hat er getobt, wurde wütend. Ich bin kein Alkoholiker, hat er geschrien. Aber ich war ja innerlich ruhig geworden. Ich wußte, er trinkt abhängig, ich hatte gelernt, mich zu beherrschen und mir nicht mehr soviel Sorgen zu machen. Immer wenn ich Artikel fand, dann hab ich ihm die wieder hingelegt. Meistens standen ja auch die Uhrzeiten der Treffen drin und die Adressen.» (Ruth, 56 Jahre)   ◀

Auch Uta hat ihrem Mann Informationen hingelegt und das, was sie in ihrer Al-Anon-Angehörigen-Gruppe oder bei Informationsmeetings der Anonymen Alkoholiker gelernt hatte, umgesetzt.

▶ «Mir fiel schwer, warten zu müssen und mit anzusehen, daß Thomas nicht verstand, daß er sich Hilfe holen mußte. Das ist mir sehr schwergefallen. Ich habe ihm vieles von dem, was ich gelernt hab, erzählt, meistens sonntags morgens, wenn er einigermaßen klar war. Er nahm das nicht an und verstand das damals wohl nicht. Ich habe aber offen drüber geredet. Ich weiß auch noch, wie ich hier an einem Sonntagmorgen stand und zu ihm sagte: ‹Du, ich hab in meiner Gruppe gelernt, du bist eigentlich nicht schlecht, du bist nur krank, alkoholkrank.› Thomas blickte versteinert vor sich hin. Er sagte nichts. Saß nur da.

Dieses versteinerte Gesicht werde ich nie vergessen! Total eingefroren. Das ist immer seine Methode, keinen Kommentar geben, Schweigen, eisiges Schweigen. Bloß nicht drauf antworten, gar nichts, weder positiv noch negativ, ausdrucksloses Gesicht. Schrecklich, ich möchte ihn dann schütteln und treten.» (Uta, 39 Jahre)   ◀

Kerstin hat die direkte Konfrontation mit ihrem Mann gewählt. Sie war an einem Punkt, wo sie ganz klar Grenzen zwischen ihrem trinkenden Mann und sich und den Kindern ziehen wollte. Die eigene Klarheit und auch die Wut halfen ihr, den Schlußstrich zu ziehen. Sie erinnert sich noch gut an den Moment.

▶ «Clemens hatte eine Flasche in der Hand und war blau, ich war wütend. Ich sagte zu ihm: ‹Clemens, ich werd jetzt das letzte Mal mit dir darüber sprechen. Wenn du meinst, daß du uns mit kaputtmachen kannst, dann laß ich das nicht zu. Wenn du trinken willst, dann mußt du trinken, aber dann ist es nicht mehr mein Problem. Ich laß mich nicht mehr kaputtmachen.›» (Kerstin) ◀

Später erfährt Kerstin von ihrem inzwischen trockenen Mann, daß sie intuitiv den richtigen Zeitpunkt getroffen hat. Er hat ihr erzählt, was ihm da durch den Kopf gegangen ist:

▶ «Ich kann nicht mehr weiter. Ich merke doch selbst, daß ich alleine nicht mehr von der Flasche wegkomme. Ich hab ja schon mit dem Arbeitskollegen gesprochen, der zu AA geht. Jetzt zieht auch sie mir noch den Boden unter den Füßen weg.» (Clemens) ◀

▶ «Du hast auch eine Verantwortung gegenüber den Kindern, die kann ich dir nicht abnehmen, keiner kann das.» (Kerstin) ◀

Kerstin ist wütend und klar. Sie macht ihrem Mann keine Vorwürfe, sie beschimpft ihn nicht, sie redet Klartext, nennt die Fakten. Sie ist wirklich ehrlich, macht Aussagen über sich und verurteilt ihn nicht. Das gelingt ihr, obwohl sie wütend ist. Sie ist im reinen mit sich selbst, ihre Wutgefühle unterstützen sie, endlich eine Trennungslinie zwischen dem trinkenden Mann und sich aufzurichten. Genau das teilt sie ihm mit, klar und unmißverständlich, und anschließend handelt sie danach. Das ist das Wichtigste! Denn manches kann man deutlich beim Namen nennen und auch Konsequenzen klar ankündigen, aber dann, wenn die Wut verraucht ist, handelt man nicht mehr entsprechend. Kerstin aber hat von diesem Moment an ihren Mann vollständig losgelassen. Seins war seins und ging sie nichts mehr an.

Am deutlichsten kommen solche Worte beim Alkoholiker an, wenn sie erst dann ausgesprochen werden, wenn man für sich Klarheit gewonnen hat und einen nichts mehr davon abbringen kann, den eigenen Weg zu gehen und die alkoholkranke Person loszulassen. In so einer Aussprache sollte man verschiedene Bereiche berücksichtigen:

Wenn man noch Zuneigung und Liebe für die alkoholkranke Person empfindet, sollte man das unbedingt als erstes sagen. Dazu kann man seine Sorge um den Alkoholiker und das Mitgefühl, das man für ihn spürt, zum Ausdruck bringen. Es ist so wichtig, daß der Alkoholiker hört und auch empfinden kann, daß hier eine Person oder auch mehrere Mitglieder der Familie ihn gern haben, daß er ihnen immer noch wichtig ist, daß sie ihn nicht verurteilen. Als nächstes sollte man dem Alkoholiker beschreiben, wie das Trinken einen selbst und andere beeinträchtigt, ohne ihn dabei anzuklagen. Man erzählt, daß man über das abhängige Trinken Bescheid weiß und daß die bisherige Art zu «helfen» (eben das Mit-Spieler-Verhalten) nun zu Ende ist. Man kündigt die Grenzen an, die man jetzt ziehen will, und sagt ihm so ruhig wie möglich, welche Konsequenzen das haben wird.

Diese Vorgehensweise hat sich als die wirkungsvollste für beide Seiten herausgestellt. Man sollte den Zeitpunkt sehr genau auswählen und einen Moment nutzen, in dem der Alkoholiker zugänglich und nicht betrunken ist. Alle, die mit einem Abhängigen eng zusammenleben, kennen die häufigen Stimmungswechsel und wissen, wann er am ehesten erreichbar ist. Dieses «Gespräch» (denn meist redet man allein) muß also gut vorbereitet und durchdacht sein. Wesentlich ist allerdings die innere Einstellung. Ihre Stellungnahme sollte knapp sein und dennoch immer diese fünf Bereiche berücksichtigen:

- Liebe, Zuneigung und Sorge zeigen,
- über die Alkoholkrankheit informieren,
- vermitteln, wie man selbst vom Alkoholismus beeinträchtigt wird, Beispiele nennen,
- Grenzen ziehen, die konsequent einzuhalten man bereit ist (Vorsicht: lieber kleine Forderungen stellen und nichts zu schnell verlangen),
- Konsequenzen ankündigen, die man dann unbedingt durchführen sollte.

Liebe und Sorge zeigen:
«Wir hatten viel Streit in der letzten Zeit, aber ich habe dich immer noch gern. Ich mache mir Sorgen um dich, weil du soviel trinkst.» (Ganz gleich, was er darauf sagt, abwarten, dann fortfahren und sich auf gar keine Diskussion einlassen.)

Über Alkoholismus informieren:
«Ich habe einiges darüber gelesen und weiß jetzt, daß du trinken mußt. Trinken zu müssen, obwohl man oft gar nicht will, das ist eine Krankheit. Alkoholkrank nennt man das. Du hast keine Schuld daran. Du bist auch

gar nicht willensschwach oder so etwas ähnliches, du bist alkoholkrank. Du solltest dir Hilfe holen, denn alleine schafft man das nicht, diese Krankheit zum Stillstand zu bringen.»

Vermitteln, wie die Krankheit einen beeinträchtigt:
«Ich schaffe es allerdings nicht mehr, dir bei deiner Selbstzerstörung zuzusehen. Das tut zu weh. Ich habe inzwischen gelernt, daß ich dir nicht wirklich helfen kann, du mußt dir selbst Hilfe holen wollen.

Ich weiß, daß du zur Zeit viele Dinge vergißt und dich gar nicht daran erinnerst, was passiert ist. Vielleicht bekommst du auch nicht ganz mit, wie es mir und den Kindern geht. Ich sitze mit Angst zu Hause, wenn du erst nachts zurückkommst und ich vermuten muß, daß du betrunken Auto fährst. Ich kann nicht mehr genug schlafen, weil ich dich nicht wach bekomme, wenn du dich quer ins Bett legst, dich hin und her wälzt und mich dadurch nachts oft weckst.

Die Kinder lieben dich, aber wenn du betrunken nach Hause kommst, haben sie Angst vor dir. Ich habe gemerkt, daß sie sich vor den anderen Kindern im Haus schämen, die dich betrunken gesehen haben. Sie reden nur wenig darüber, dir sagen sie gar nichts, um dir nicht weh zu tun.

Ich kann mit dir über nichts mehr reden. Ich muß alles Wichtige alleine entscheiden. Ich fühle mich alleingelassen in unserer Ehe. Das sind keine Vorhaltungen, es sind nur Tatsachen, die du vielleicht nicht so mitbekommst. Hast du gemerkt, daß unsere alten Freunde nicht mehr kommen? Oder weißt du, woran es liegt, daß wir unseren Kredit nicht abbezahlen können, obwohl du viel gearbeitet hast und ich dazuverdient habe? Das Trinken kostet auch viel Geld, das uns fehlt.

Ich weiß nicht, ob und wie lange ich das noch aushalte, daß du trinkst. Ich erwarte nicht, daß du gleich damit aufhörst, denn ich hab gelernt, daß das nicht so einfach geht.»

Grenzen ziehen:
«Doch ich erwarte von dir, daß du einen Anfang machst, daß du dir Hilfe holst. Ich habe dir hier Adressen und Telefonnummern aufgeschrieben, an diese Menschen kannst du dich wenden. Es sind auch Adressen von Leuten dabei, die alkoholabhängig sind und jetzt viele Jahre schon trocken leben. Ich erwarte, daß du dir innerhalb des nächsten Monats Hilfe holst. Denn ich brauche die Hoffnung, daß sich etwas verändert, daß du bereit bist, etwas zu tun. Sonst kann ich auf diese Art nicht mehr mit dir zusammenleben. Ich lasse dir und mir noch diesen einen Monat Zeit.

Allerdings werde ich schon ab heute nicht mehr mit dir Auto fahren, wenn du getrunken hast. Auch die Kinder dürfen nicht mehr mit dir fahren. Ich habe Angst, daß uns etwas passiert. Ich bin verantwortlich dafür, mich und die Kinder zu schützen.

Ab heute werde ich auch alleine im Schlafzimmer schlafen, wenn du betrunken nach Hause kommst. Du wirst dann im Wohnzimmer schlafen müssen. Ich muß nachts endlich Ruhe haben, denn ich schaffe sonst meine Arbeit nicht, niemand kann das, wenn er nicht schlafen kann. (Wenn er den «Rausschmiß» aus dem Schlafzimmer als persönlichen Angriff sehen sollte, nehmen Sie die umgekehrte Regelung.)

Deinen Eltern und Freunden gegenüber werde ich nicht mehr lügen, wenn du wegen eines Katers oder weil du betrunken bist Verabredungen nicht einhalten kannst. Ich denke, sie wissen sowieso schon, daß du trinkst.

Ich gehe zu einer Gruppe (einer Suchtberatungsstelle etc.), wo ich mir Hilfe hole von anderen Menschen, die auch mit jemandem zusammengelebt haben, der trinkt.»

Konsequenzen ankündigen:
«Wenn dieser Monat um ist, werde ich nicht mehr für dich in der Firma anrufen, wenn du wegen des Trinkens nicht zur Arbeit gehen kannst. Wenn jemand nach dir fragt, werde ich die Wahrheit sagen: ‹Er ist zu betrunken, um zu arbeiten.› Ich spiele dann nicht mehr mit.»

Vielleicht gehen Sie noch einen Schritt weiter (siehe nächster Abschnitt!). Doch Sie müssen sich *vorher* genau überlegen, ob Sie die Konsequenzen, die Sie so ruhig wie möglich ankündigen, auch einhalten können und wollen. Wenn Sie sich nicht sicher sind, dann lassen Sie solche Ankündigung lieber weg. Der Alkoholiker nimmt sonst Sie und alles, was Sie vorher gesagt haben, überhaupt nicht mehr ernst. Sie können auch ankündigen:

«Wenn du in diesem Monat nicht zur Suchtberatungsstelle, zu einer der Selbsthilfegruppen oder einem Arzt gehst, werde ich ausziehen / mich von dir trennen / zu meinen Eltern ziehen / die Wohnung aufteilen und getrennt leben, um mich scheiden lassen zu können / die Scheidung einreichen.»

Die gesamte Ankündigung muß gar nicht so ausführlich sein, wie hier aufgeschrieben. Wichtig ist nur, daß sie möglichst alle fünf Elemente enthält und daß man wirklich meint, was man sagt.

Wenn eine Angehörige oder ein Freund sich klar und eindeutig verhält, sich keine Schuldgefühle mehr macht, keine Ausreden mehr benutzt, nicht mehr lügt, den Alkoholiker seine Dinge selbst erledigen läßt, dann braucht man nur wenige Sätze. Der Alkoholiker weiß, daß die Mitbetroffene viel redet und wenig tut, und solange sie nur redet, fühlt er sich sicher.

Kerstins Mann ging in der Woche nach ihrem «Einspruch» zu einem Informationsmeeting der Anonymen Alkoholiker, besuchte dann regelmäßig deren Treffen und ist bis heute seit vielen Jahren «trocken».

Auch Ruths Beharrlichkeit und Klarheit haben Einfluß auf den Alkoholkranken gehabt. Eigentlich wartete sie nur noch darauf, daß ihr Mann sterben würde, denn er aß schon fast nichts mehr, wollte nur noch Alkohol trinken, und sie sah, wie er verfiel. Bisher hatte er immer mit Wutausbrüchen und Beschimpfungen auf ihre Artikel über Alkoholismus und Gruppen, die ihm helfen könnten, reagiert. Sie ließ sich davon nicht abhalten. Mit seinen Aggressionen hatte sie umzugehen gelernt. Obwohl sie nicht mehr an Veränderung glaubte, machte sie weiter.

▶ «Dann fand ich wieder eine Zeitung, diesmal mit einem Artikel über das Blaue Kreuz mit Gruppenadressen für Alkoholiker, die hab ich ihm auch so hingelegt. Ich merkte ja, er konnte nicht mehr, er war so fertig. Er las diese Zeitung und tobte diesmal nicht und sagte: ‹Ja, dann werd ich da mal hingehen.› Er stand auf und ging hin. Er kam um elf Uhr abends wieder, und seitdem ist er trocken. Seitdem ist der trocken! Und wenn du jetzt sagst, das ist kein Wunder, was ist dann ein Wunder? Nichts ist hoffnungslos, kein Fall ist hoffnungslos.» (Ruth, 56 Jahre) ◀

Ich habe hier Schlüsselszenen berichtet, die Mut machen können. Doch man sollte im Blick behalten, daß auch bei diesen beschriebenen Fällen die Mitbetroffenen lange Zeit, oft Jahre, gebraucht haben, um ihre Gedanken, Gefühle und Handlungen dem Abhängigen gegenüber zu klären. Es reicht nicht aus zu sagen: «Ich weiß, er muß es selber wollen» und dann doch immer wieder für ihn zu handeln, ihn zu beschimpfen und anzuklagen. Aber auch diese Fehler werden tausendfach gemacht, wichtig ist nur, daraus zu lernen! Bei allem, was man tut und unterläßt, kann man sich fragen: Akzeptiere ich, daß es nicht in meiner Macht liegt, daß er oder sie trocken wird? Respektiere ich seine Ablehnung? Setze ich für mich klare Grenzen? Bin ich bereit, die Dinge zu tun, die man ihm oder ihr immer wieder anbieten (nicht aufdrängen) kann? Sehe ich die Klärung meiner Gedanken, Gefühle und Handlungen als für mich notwendig an? Oder mache ich das immer noch, um ihm oder ihr zu «helfen», weil ich es sonst nicht aushalte?

Gerade diese letzte Frage zeigt, wie schmal die Grenze zwischen echter Unterstützung und Bevormundung ist. Doch all dies lernt man nicht von heute auf morgen. Man braucht Zeit und Unterstützung bei diesem Lernprozeß.

Die Mitbetroffenen, die hier bisher zu Wort gekommen sind, waren alle Partnerinnen und Partner von Alkoholabhängigen, mit denen sie in einer engen Beziehung zusammenlebten. Die an ihren Geschichten dargestellten Hinweise und Vorschläge, wie man auf die Alkoholabhängigkeit eines Menschen reagieren kann, der einem nahesteht, gelten aber auch für andere Angehörige, Freunde und Arbeitskollegen. Wenn die Mitbetroffenen das Redetabu, das die abhängige Person meist davor behütet, auf ihren Alkoholismus angesprochen zu werden, brechen, erhält die alkoholkranke Person damit endlich eine Reaktion auf ihr Trinken.

▶ «Meinen Bruder habe ich einmal auf sein Alkoholproblem angesprochen. Der trinkt viel. Er hat auf dem Grundstück unserer Mutter gearbeitet, einen Baumstamm zersägt und sich dabei in den Daumen geschnitten. Das blutete ganz stark, und ich wollte den Arzt anrufen, weil die Verletzung so schwer war. Das wollte er aber nicht. Da habe ich mir gleich gedacht, daß er das deshalb nicht will, weil er soviel getrunken hat. Er hat sich dann selbst verarztet. Ich habe zu ihm gesagt: ‹Ich finde das nicht gut, daß du das so machst, du mußt auf deine Wunde achtgeben, weil sich sonst alles entzünden kann. Und ich sage dir das jetzt mal direkt, Horst. Du trinkst, und du trinkst viel zuviel Alkohol.›

Da hat er mir geantwortet: ‹Das stimmt überhaupt nicht! Ich trink nur 'n bißchen Bier. Ich hab das auch eingeschränkt, ich trink keine harten Sachen mehr, ich trink nur noch Bier.› Da war wieder dieses Ausweichen. Und ich habe erwidert, das glaube ich dir nicht.

Na ja, ich wußte ja auch, ich kann sowieso nicht mehr machen, als es ihm einmal zu sagen. Wenn er nicht aufhören will, ist das seine Sache. Aber ich hab nicht dazu geschwiegen. Danach ist er mir ganz lange aus dem Weg gegangen und ist nicht mehr vorbeigekommen. Wenn er mich gesehen hat, dann ist er schnell woanders hingegangen. Ich habe mir gedacht, gut, ich laß ihn.» (Christa, 38 Jahre) ◀

Doch Verwandte erreichen oft wenig beim Alkoholiker. Sie sind wie alle Mitbetroffenen gefühlsmäßig zu sehr engagiert und dadurch vorbelastet. Vorwürfe und Beschuldigungen stehen im Vordergrund und verstärken nur das Schuldbewußtsein des Alkoholikers. Das treibt ihn direkt zur Flasche. Wichtig ist aber, dem Abhängigen mitzuteilen, was man wahrnimmt und wie diese Beobachtungen auf einen selbst wirken. Keine Aussagen wie: «Du trinkst zuviel». Statt dessen: «Ich mache mir Sorgen um dich, weil ich dich so oft betrunken erlebe. Und gestern morgen, als es noch nichts zu trinken gab, konnte ich mit dir überhaupt nicht reden. Ich hatte gar keine Chance, daß du zuhörtest. Da hab ich einen Schreck bekommen, denn du wurdest erst zugänglich, als du deine ersten zwei Glas Bier getrunken hattest.» Man muß einen Verwandten oder Freund schon sehr gern haben, um sich zu solchen Aussagen aufzuraffen. Es gehört Mut dazu, auch der Mut, daß der andere anschließend den Kontakt abbricht. Aber wegzuschauen und so zu tun, als hätte man nichts bemerkt, das bedeutet den anderen fallenzulassen.

Lance hatte erfahren, daß es wichtig ist, nicht mehr so zu tun, als würde man nichts merken.

▶   «Als ich damals bei meinem Vater ausgezogen bin, habe ich zu ihm gesagt: Ich glaube, du bist Alkoholiker. Ich fände es gut, wenn du zu den Anonymen Alkoholikern gehen würdest. Ich hatte damals in meiner Gruppe gelernt, ‹du sagst es dem Alkoholiker einmal deutlich, und dann läßt du es›.»   ◀

Er hat auch erfahren, daß Alkoholiker gerade von ihren engsten Verwandten nicht gerne Ratschläge hören.

▶   «Da gibt es andere, die besser helfen können. Ich kann nichts machen, ich bin Mitglied der Familie, alles was ich sage, kommt seiner Meinung nach sowieso von meiner Mutter.
Doch eine außenstehende Person, die mit der Familie nichts zu tun hat, ist die richtige. Familienangehörige können nicht das gleiche tun, die haben so viel gemeinsames Gepäck, so viel im Hintergrund. Das ganze AA-Programm läuft auf der Basis der Gemeinsamkeit zwischen Trockenen und Trinkenden. Daß jemand sagt, ich bin wie du, fast eine Art Kameradschaft wird da aufgebaut, das geht nicht in der Familie.» (Lance, 25 Jahre)   ◀

Solch eine außenstehende Person, ein Mann oder eine Frau, ist am besten ein trockener Alkoholiker. Während einer großen Informationsveranstaltung der Anonymen Alkoholiker im Hamburger Congress-Centrum sagte ein Arzt, der eine Suchtstation leitet und viele Jahre mit Alkoholikern in Langzeittherapie gearbeitet hat: «Ich habe mit all meinem medizinischen Wissen und Können nicht einen einzigen Alkoholiker trockengelegt. Doch es gibt eine große Chance, daß ein Alkoholiker begreift, was mit ihm los ist. Die kann er finden, wenn ein Alkoholiker, der längere Zeit trocken ist, mit ihm spricht.»

Inges Mann hatte sich körperlich und psychisch so weit mit Alkohol vergiftet, daß er nicht mehr essen konnte. Er lag nur noch da und raffte sich von Zeit zu Zeit auf, um sich Alkohol zu besorgen und zu trinken. Er war schon mehrfach zur Entgiftung in einem Krankenhaus gewesen und sah darin keinen Sinn mehr. Doch als er nicht mehr ohne Alkohol, aber auch nicht mehr mit Alkohol leben konnte, ließ er sich zum Entzug in eine Klinik bringen. Eine Langzeittherapie, in der er Selbsthilfegruppen für Alkoholiker kennenlernen konnte, lehnte er immer noch ab. Im Krankenhaus besuchten ihn auf Veranlassung seiner Frau mehrere trockene Alkoholiker vom «Freundeskreis der Alkoholiker». Diese Männer kamen jeden Tag und erzählten von sich.

▶ «Der ehemals ‹nasse› Trinker, der die Lösung für sich gefunden hat und der mit Fakten über sich selbst gewappnet ist, kann im allgemeinen das volle Vertrauen eines anderen Alkoholikers in wenigen Stunden gewinnen. Derjenige, der auf den Alkoholiker zugeht, hat die gleichen Schwierigkeiten und weiß offensichtlich, wovon er spricht. Dieser Mensch hat nicht die Einstellung: Ich bin besser als du.»[22] ◀

Alkoholiker gehen durchaus einige Male zu einer Beratungsstelle oder zu einer Selbsthilfegruppe und hören danach wieder damit auf. Viele sind beim ersten Mal noch nicht bereit, zu kapitulieren und zuzugeben, daß sie ein Alkoholproblem haben. Oder sie sind noch immer der (irrigen) Meinung, sie könnten das alles alleine in den Griff bekommen, ihr wirkliches Problem sei etwas ganz anderes. Sie könnten z. B. den Tod eines Angehörigen nicht verwinden oder die Scheidung und die ungerechten Forderungen. Die jetzige Beziehung, in der man überhaupt nicht glücklich ist, sei die Ursache für ein vorübergehendes Trinkproblem. Mitbetroffene sollten dann wie bisher, oft per Telefon, zuhören und Rat geben. Meistens merkt man schnell, daß z. B. die Freundin am anderen Ende der Leitung getrunken hat. Sie wiederholt sich dauernd, spricht auch etwas gedehnter als sonst. Gelegentlich läßt man sich eine Ausrede einfallen, um diese Klagen nicht noch eine weitere Stunde anhören zu müssen. Auch hier helfen nur die gleichen Verhaltensweisen wie beim Partner. Man muß klare Grenzen ziehen und bereit sein, sie einzuhalten. Man kann z. B. sagen: «Ich merke, daß du getrunken hast. Ruf mich an, wenn du wieder nüchtern bist» und den Hörer auflegen. Wenn die Freundin während der Arbeitszeit nüchtern ist, kann man direkt danach mit ihr sprechen und ihr noch mal deutlich machen, wo die eigene Grenze ist, z. B. mit folgender Formulierung:

▶ «Du weißt, ich hab dich gern. Ich will dir auch bei deinem Problem mit Peter zuhören und dich unterstützen. Aber ich sehe keinen Sinn mehr darin, mit dir zu sprechen, wenn du getrunken hast. Ich merke deutlich, wie du nach zehn Minuten schon nicht mehr weißt, was du mir vorher erzählt hast. Wir wissen beide, woran das liegt. Du hast ein Alkoholproblem. Solange du nichts dagegen tust, entweder zu einer Selbsthilfegruppe, einem Arzt oder zur Suchtberatung gehst, bin ich nicht mehr bereit, weiter mit dir über deine Probleme zu sprechen. Deine Probleme können erst gelöst werden, wenn du nicht mehr trinkst. Also unternimm etwas. Dann helfe ich dir gerne. Aber ich schaue nicht mehr zu, wie du dich weiterhin betrinkst, und ich unterstütze dich nicht darin. Genau das würde ich tun, wenn ich weiter so mitmachen würde wie bisher.» ◀

Diese Reaktion fällt Freundinnen sehr schwer; es erscheint fast undenkbar, sich so zu verhalten. Man kann sich jedoch klarmachen, wie gefährlich es ist, wenn alle ringsum der Alkoholikerin helfen, das Leben so eben noch erträglich zu machen. Zieht man das Beziehungsnetz weg, fällt die Person viel häufiger auf den Boden. Sie merkt dann wahrscheinlich schneller, daß sie sich woanders Hilfe holen muß, vielleicht in einer Langzeittherapie und / oder einer Selbsthilfegruppe. Falls die Alkoholabhängigkeit Ihrer Freundin oder Ihres Kollegen auch bei der Arbeit deutlich wird, z. B. durch eine Alkoholfahne oder durch Arbeitsunfähigkeit, und sie Aufgaben übernehmen, damit niemand etwas merkt, dann wird es höchste Zeit, sich in Zukunft anders zu verhalten. Damit stecken Sie schon mittendrin in der Co-Abhängigkeit. Sie sollten einen Vorgesetzten Ihres Vertrauens informieren. Das muß nicht der direkte Vorgesetzte sein. Sie können auch mit jemandem vom Betriebsrat sprechen. Erkundigen Sie sich, wer aus der Betriebsleitung oder -vertretung sich mit Abhängigkeitsproblemen auseinandergesetzt hat, und sprechen Sie diese Person an. Das ist kein Verrat, das ist Hilfe. Erkundigen Sie sich ruhig erst allgemein, ohne Namen zu nennen, was mit einer Person passiert, die wegen Alkoholismus im Betrieb auffällt. Viele Betriebe und Behörden haben einen Stufenplan von Abmahnungen, in dem den Betroffenen einige Fristen gesetzt werden. Innerhalb dieser Zeit können diese selbst etwas gegen ihre Alkoholabhängigkeit unternehmen. Erst nach mehrmaligen Abmahnungen kann eine Kündigung ausgesprochen werden.

Auf Informationsveranstaltungen mit «trockenen» Alkoholikern erfährt man immer wieder, wie notwendig es war, daß sie mit der Realität konfrontiert wurden: daß Freunde klar sagten, ‹da mach ich nicht mehr mit›, daß Lebenspartner weggingen, daß der Arbeitgeber sagte, ‹dies ist Ihre letzte Chance›. Oft haben sie diese Chance nicht genutzt, und erst der berufliche Abstieg war das letzte, das ihnen half, ihren Stolz aufzugeben, vor der Krankheit zu kapitulieren und Hilfe anzunehmen. Je länger Freunde «Mit-Spieler» sind, um so mehr schaden sie. Ich weiß es aus eigener Erfahrung. Als ich endlich bereit war, einer älteren Freundin zu sagen, was ich wahrgenommen hatte, da war sie schon pensioniert. Es blieb kaum noch eine Möglichkeit, Einfluß zu nehmen. Auf mich konnte sie leicht verzichten, sie hatte die Flasche und trank immer alleine. Ich habe sie so oder so verloren. Ich habe nicht eher gehandelt, weil ich nett sein wollte, ich «kümmerte» mich lieber um sie und beseitigte die Folgen ihres Trinkens. Dabei fühlte ich mich wichtig, und sie brauchte mich. Konfrontation dagegen ist unangenehm. Und selbst als ich schon wußte, daß ich anders helfen mußte als bisher, habe ich es immer noch nicht gemacht. Ich übernahm immer noch ab und zu Verantwortung für sie – doch ich habe nicht wirklich verantwortlich gehandelt, sondern war unehrlich und feige.

Seitdem habe ich gelernt, öfter das zu sagen, was ich sehe, und nicht das, was die Person, die wahrscheinlich alkoholabhängig ist, gerne hören würde. Ich habe es sicherlich nicht perfekt gemacht und schieße dabei auch mal übers Ziel hinaus. Aber ich möchte nicht mehr Mit-Spielerin sein und beim Weg nach unten nicht auch noch mithelfen, auch wenn das heißt, daß ich eine Person, die ich mag, erst mal verliere.

Was sage ich den anderen?

Die Menschen, mit denen der Alkoholiker in seinem täglichen Leben Kontakt hat, sollte man über die Abhängigkeit des Partners oder Angehörigen informieren. Man braucht sicher etwas Zeit, um sich zu überwinden. Doch die anderen sind nicht blind, wahrscheinlich wissen Freunde und Arbeitgeber oder Nachbarn schon Bescheid. Alkoholismus ist eine Krankheit, die dem Arbeitgeber in der Regel nicht verborgen bleibt. Wirkliche Freunde sind oft sogar erleichtert, wenn sie endlich den Grund für das Verhalten des Abhängigen kennen. Das Vertuschen und Verstecken auch ihnen gegenüber aufzugeben ist wichtig, um nicht länger lügen zu müssen. Denn man kann nicht auf einem Teilgebiet ehrlich werden und Freunde oder Arbeitgeber anlügen. Ehrlichkeit läßt sich nicht aufteilen. Will man endlich klar werden, den Kopf heben können und Frieden spüren, dann muß man Aufrichtigkeit wieder lernen.

Wie alles, was man für sich selbst tut, hat auch dies Auswirkungen auf den Alkoholiker. Er wird nicht mehr «geschützt» und hat nun die Folgen für sein Verhalten auch außerhalb des Hauses zu tragen.

▶ «Raus aus dem Vertuschen, raus aus dem Tabu. Ich habe relativ bald mit Freunden darüber gesprochen, weil ich das Bedürfnis hatte, das herauszuschreien. Man sollte damit vorsichtig sein, weil das viele nicht verstehen. Das war mir aber auch egal, ich habe gedacht: ‹Verdammt noch mal, die sollen wissen, warum der so komisch ist.› Das Verrückte ist, viele wußten das auch schon. Einige, z. B. unsere Nachbarn, wußten es nicht. Ansonsten habe ich versucht, mich herauszuhalten, ihn machen zu lassen, damit ihm irgendwas passiert, damit er aufwacht.» (Uta, 39 Jahre)◀

▶ «Nachdem ich wußte, sein Trinken ist eine Krankheit und ich decke ihn, wenn ich den Leuten bei seiner Dienststelle erzähle, daß er krank ist, habe ich aufgehört zu lügen. Das war gar nicht leicht. Das schwierigste war, den Arbeitskollegen oder dem Chef am Telefon zu sagen: ‹Tut mir leid, er kann nicht kommen.›

‹Warum nicht?› haben die dann gefragt. ‹Ist er nicht da?› – ‹Nein›, hab ich dann gesagt. ‹Er liegt betrunken im Bett.› Als Reaktion kam dann. ‹Na ja.› Die wußten es ja. Das war schwierig zu lernen, aber ich habe die Ratschläge, die ich am Anfang bekommen hatte, schriftlich bei mir in der Tasche gehabt, und die Sachen habe ich gelernt.

Ich habe gelernt, wie ich mich verhalten soll. Nicht ansprechen, wenn er getrunken hat. Wie empfange ich ihn? Nicht die Tür aufmachen und sagen ‹Haste schon wieder gesoffen›, schon geht's los, ruhig sein. Es ist so wichtig: nur sprechen, wenn er nüchtern ist. Wissen, daß es nicht angebracht ist zu reden, wenn er betrunken ist. Nicht mit Verwandten darüber sprechen, Verwandte sind parteiisch, das traf auch auf uns zu. Da gab es immer wieder Krach. Nicht die Flaschen auskippen, ihn trinken lassen, das gehört auch dazu. So banale Sachen, die doch so schwer sind. Und eben auch: ihn nicht entschuldigen, wenn er getrunken hat.» (Ruth, 56 Jahre) ◄

Ruth hat hier noch einmal knapp die Grundregeln zusammengefaßt. Ich habe ihre persönliche Art, sich immer wieder an das neue Verhalten zu erinnern, aufgegriffen und am Ende des Buches einen Merkzettel zum Heraustrennen zusammengestellt. Diese kurzgefaßten Hinweise sind kein Patentrezept, sondern die konzentrierte Erfahrung vieler Frauen und Männer.

Konzentrate müssen wieder flüssig gemacht werden. Die «Lösung», die dann entsteht, ist stark davon abhängig, mit welcher Einstellung sie diese Hinweise in ihr eigenes Leben einbeziehen. Es ist entscheidend, ob Sie diese Erfahrungen als äußere Methoden oder praktische Tips nutzen oder ob Sie zu einer veränderten Haltung gegenüber dem Alkoholismus kommen. Die genannten Vorgehensweisen haben fast keine Wirkung, wenn sie bloß auf die Veränderung des Abhängigen abzielen.

Wenn Sie Ihre eigene Einstellung grundlegend verändern und die Veränderungen für sich wollen, dann haben Sie in jedem Fall gewonnen: ein Stück eigenes Leben, mehr Zufriedenheit und Abstand zu all den Turbulenzen. Holt man sich dabei auch noch Unterstützung von Selbsthilfegruppen, kann man lernen, mit seinem Leben auf bessere Art klarzukommen. Damit hat auch der Alkoholiker eine größere Chance, seinen Tief- und das heißt Wendepunkt zu erreichen. Lassen Sie die drohende Krise eintreten, verhindern Sie sie nicht länger, aber manipulieren Sie sie auch nicht herbei.

Wie reagiert der Alkoholiker?

Geht man mit dem Alkoholiker auf neue und veränderte Art um, so wird er sofort oder nach einiger Zeit, spätestens dann, wenn er die Veränderung nicht mehr als zufällig empfindet, reagieren. Verändert auch nur einer in der Familie sein Verhalten, hat das Auswirkungen auf alle, auch auf die alkoholkranke Person. Denn das Bild des Mobiles trifft natürlich auch dann zu, wenn sich jemand positiv verändert. Der Alkoholiker wird jedoch versuchen, die bisherige Balance wiederherzustellen. Er wird durch Handlungen, aber gerade auch durch Reden versuchen, die Mitbetroffenen zu früherem Verhalten zu provozieren. Er braucht die bisherige Art der «Unterstützung», um ungestört trinken zu können. Die Angehörigen oder Freunde sollen weiterhin auf den Alkoholiker reagieren. Er will derjenige bleiben, der für unberechenbare Situationen und Dramen, also für die Aktion sorgt. Die Mitbetroffenen sollen nicht selbst aktiv werden, nicht selbst bestimmen, wie sie handeln wollen. Vor allem sollen sie weiterhin die Fehler und falschen Handlungen des Abhängigen decken. An die Begleitmusik mit Nörgeln, Schimpfen und Drohen hat der Alkoholiker sich nicht nur gewöhnt, sie gibt ihm ja den Vorwand, wieder trinken zu müssen. Darum soll alles so bleiben, wie es war. Der Alkoholiker selbst ist überhaupt nicht an Veränderungen interessiert.

Die Reaktionen, mit denen der Alkoholiker das Beziehungs- oder Familienmobile wieder in die alte Balance bringen will, sind unterschiedlich. Die einen trinken nun erst recht. Natürlich wird der Mitbetroffenen dafür die Schuld gegeben, da diese sich – wie ihr Rückzug zu zeigen scheint – wohl gar nicht mehr dafür interessiert, wie es einem geht. Der Alkoholiker steigert sich nur noch mehr in Selbstmitleid hinein, oder seine Arroganz wächst unerträglich. Mitbetroffene sind versucht, wieder zu ihrem Erste-Hilfe- und Mit-Spieler-Verhalten zurückzukehren. Das Trinken ist seine Art zu «sagen»: «Verhalte dich wieder wie früher, sonst wird alles nur noch schlimmer.» Er fängt endlose Diskussionen und Streitigkeiten an oder schweigt wie bisher. Er murrt eher vor sich hin, als direkt etwas zu sagen. Doch keine alkoholkranke Person kann einfach weitermachen wie bisher.

Andere Alkoholiker fühlen sich endgültig bedroht. «Der Boden wurde mir unter den Füßen weggezogen», hat Kerstins Mann gesagt und danach die AA-Gruppe aufgesucht, mit deren Hilfe er trocken wurde. Utas Mann war erst dann bereit, eine Langzeittherapie zu machen, als sie die ersten Schritte einleitete, um in eine andere Wohnung zu ziehen. Ilses Mann war bereit, zur Entgiftung in eine Klinik zu gehen, nachdem sie seit Jahren ihre Fürsorge mehr und mehr aufgegeben hatte (da er sich in den letzten Monaten vor ihren Augen fast zu Tode trank und von sich aus fast nichts mehr aß, war ihr das besonders schwergefallen). Ein trockener Alkoholiker sagte mir: «Ein Abhängiger muß total gegen die Wand laufen, sonst ändert er gar nichts.»

Diese veränderte Art, mit dem Alkoholiker umzugehen, ist solch eine Wand. Das ist hart für alle, und Durchhalten ist sicher oftmals schwierig, vor allem, wenn das Trinken noch Jahre weiter andauert. Doch gerade die oft heftigen Reaktionen auf das neue Verhalten, die Vorwürfe und Schuldzuweisungen, zeigen, daß man auf dem richtigen Weg ist: Es bewegt sich etwas. Auf jeden Fall unterstützt man ganz offensichtlich nicht mehr die Abhängigkeit. Man hat das Alkoholismusmobile außer Balance gebracht. Dieses Mal gerät der Alkoholiker unter Zugzwang.

Außenstehende, die über Alkoholismus und die Wechselwirkung mit co-abhängigem Verhalten meist nichts wissen, finden diese Art, mit dem Alkoholiker umzugehen, unmenschlich und hart. Doch wenn ich an Ilse und die Zeit denke, in der sie lernte, ihren Mann sich selbst zu überlassen, in der sie zuschauen mußte, wie ihr Mann sich runtertrank, spüre ich Mitgefühl und Achtung vor ihr. Sie hat es fertiggebracht, wirkliche Menschlichkeit zu zeigen, und ist nicht mit falschen Hilfsaktivitäten vor ihren Gefühlen geflohen. Sie zeigte sich auch vor anderen nicht als die Märtyrerin, die ihn bis zum Tod aufopfernd pflegen würde. Genau dieses Mit-Spieler-Verhalten hätte ihn davon abhalten können, sich doch noch wirkliche Hilfe zu holen, weil sie ihm das Leben eben noch erträglich gemacht hätte. Jedes Süppchen, das sie extra gekocht und ihm löffelweise eingeflößt hätte, hätte ihn dem Tod schneller nahegebracht, als ihm außerhalb der Mahlzeiten nichts zu geben. So hatte er noch eine Chance, sich und sein Elend als Trinkproblem zu begreifen und etwas dagegen zu tun. Er hätte sterben können. Aber auch das ist dann seine Entscheidung. Als erwachsener Mensch muß er über sein Leben selbst bestimmen. Seine Frau hat das getan, was das Schwierigste und das Richtige war: Sie hat ihn losgelassen, nicht fallengelassen, hat seine Selbstzerstörung ausgehalten, ohne sie durch Mit-Spieler-Verhalten zu verschleiern. An der Stelle, wo Menschlichkeit benötigt wurde, hat sie ihm geholfen. Sie hat ihm den Schnaps für den letzten Tag eingeteilt, damit er nicht betrunken in der Klinik ankam (Bedingung für die Aufnahme), es bis zu diesem Termin aushalten konnte und nicht schon zu Hause ohne ärztliche Unterstützung den Entzug und das Delirium erleben mußte. Sie hat ihn zur Klinik gefahren und sich an trockene Alkoholiker gewandt, um ihn in den Tagen von jemandem begleiten zu lassen, der ihn wirklich versteht. Ilse konnte zwischen Mit-Spieler-Verhalten und Menschlichkeit im Umgang mit ihrem Mann unterscheiden. Für Außenstehende ging sie hart mit ihm um. Uta, die von Freundinnen auch als hart und kalt ihrem Mann gegenüber bezeichnet worden ist, beschreibt, wie sie diese «Härte» einschätzt:

▶ «Härte ist gar nicht konträr zur Menschlichkeit. Wenn du z. B. einem Arzt zuguckst, wie der jemanden behandelt, der gerade einen Herzstillstand hat: Der trommelt auf die Brust, der klatscht dem ins Gesicht, er schlägt rechts – links. Und er weiß, das, was er macht, ist gerade jetzt richtig. Dieses Wissen über die Zusammenhänge – Wie soll man sich verhalten? –, das verstehen nur Nichteingeweihte falsch.» (Uta, 39 Jahre) ◀

Das eindeutige Verhalten der Mitbetroffenen muß konsequent durchgehalten werden. Es ist wichtig, den Alkoholiker nicht weiter in seinem kranken Verhalten zu unterstützen, ihn nicht mehr zu schützen, ihn nicht mehr retten zu wollen und trotzdem Mitgefühl mit ihm zu haben. Darum fordert die Liebe zu einem Alkoholiker, daß man Dinge tut, die ihn – auf kurze Sicht – verletzen mögen. Das ist hart. Unglücklicherweise hat die emotionale Verbindung zwischen der abhängigen Person und den Mitbetroffenen einen trübenden Effekt auf die eigene Wahrnehmung und das eigene Urteil. Man springt leicht auf alles an, was der Alkoholiker sagt und tut, und nimmt es zu persönlich. Dabei muß man sich täglich vor Augen halten, daß alles, was Abhängige tun oder sagen, nur etwas über sie aussagt, nicht über uns!

Stellen Sie sich den Alkoholiker im Mittelpunkt der Familie vor; in der Hand hält er viele Angelschnüre, die am Ende alle mit großen Haken versehen sind. Alles, was der Abhängige tut, dient dazu, daß die Angehörigen und Freunde in die ausgelegten Haken treten und dann an seiner Angelleine zappeln. Jeder Satz, Blicke und Handlungen, alles kann beim Alkoholiker zum Haken werden. Natürlich bleibt man an diesem scharfen Fanggerät von Zeit zu Zeit hängen; das ist gar nicht zu umgehen, weil die Haken zu oft den Weg versperren. Doch wenn man einen Haken bemerkt, dann hat man die Chance, um ihn herumzugehen. Plötzlich spürt man Distanz. Das, was die alkoholkranke Person sagt und tut, berührt einen nicht mehr so. Man begreift, daß der Alkoholiker in einer anderen Denkwelt gefangen ist. Er sieht die Welt nicht mit den Augen der Mitbetroffenen. Da ist keine Gemeinsamkeit. Er ist auf seiner Seite, die Mitbetroffenen auf der anderen. Mit Hilfe dieser neuen Sichtweise wird man ein Stückchen freier, die verbalen Angriffe, die Lügen, das

Trinken und Betrunkensein treffen einen nicht mehr so sehr. Man spürt, daß man nur noch verletzt werden kann, wenn man zuläßt, daß der psychische Schlag einen trifft. Und der trifft nur, wenn man dem Alkoholiker weiterhin die Macht dazu gibt. Die aber nimmt man ihm durch das eigene veränderte Verhalten mehr und mehr.

«Soll ich mich trennen?»

Gehen oder bleiben –
beides kann richtig sein

Die Frage, ob man sich von einem trinkenden Alkoholiker trennen sollte, stellt sich nicht nur den Partnern und Partnerinnen, sondern allen Mitbetroffenen. Auch Eltern, erwachsene Kinder oder Freunde müssen sie irgendwann beantworten. Sie alle stehen vor keiner leichten Entscheidung. Es gibt kein einfaches Ja oder Nein. Bleiben oder sich trennen, beides kann richtig sein. Dabei wird die jeweilige Entscheidung immer vor dem Hintergrund der gerade aktuellen Situation getroffen und muß keineswegs endgültig sein. Man hat jederzeit das Recht, seine Meinung zu ändern. In der Regel braucht es einige Zeit, bis eine Entscheidung gereift ist, und die sollte man sich nehmen.

▶ «Unsere wichtigsten Entscheidungen werden nicht getroffen, sondern entdeckt. Die unwichtigen haben wir in der Hand, aber die großen machen es erforderlich, daß wir mit ihrer Entdeckung warten. Oft drängen wir uns selbst zu Entscheidungen, die nicht ausgereift sind und also noch nicht getroffen werden können. Wir geißeln uns selbst dafür, daß wir so unentschlossen sind... Wir respektieren nicht, daß wir vielleicht deshalb keine Entscheidung treffen konnten, weil wir es eben noch nicht sicher wissen... Die Qualität meiner Entscheidungen hängt direkt davon ab, wie geduldig ich mit meinem Nichtwissen umgehe.»[23] ◀

Die Entscheidung, was zu tun ist, muß schließlich jeder für sich selbst in seiner ganz besonderen Lage treffen. Niemand kann einem anderen sagen, was der zu tun oder zu lassen hat. Aber es ist auch sehr erleichternd zu sehen, daß es viele verschiedene Wahlmöglichkeiten gibt:

Man kann für Stunden weggehen oder für einige Tage, man kann sich für mehrere Monate trennen oder für Jahre. Man kann selbst gehen oder den anderen wegschicken. Man kann in der Wohnung einen Raum für sich beanspruchen, wenn etwas Platz da ist, und zusammen wohnen bleiben. Man kann sich scheiden lassen, man kann den Kontakt vollständig abbrechen. Oder man kann in Kontakt bleiben, als Tochter, als Freundin, als Vater, und die veränderte Einstellung zum Alkoholiker in den Begegnungen und Telefonkontakten sichtbar werden lassen. Man kann sich innerlich trennen. Man kann bleiben und zugleich wissen, daß man sich jeden Tag neu für eine andere Möglichkeit entscheiden darf.

Meine Mutter hat sich von meinem Vater getrennt und mit meinen Brüdern unter schwierigen Bedingungen alleine gelebt, lange bevor ich geboren wurde. Sie erlernte einen Beruf und wurde selbständig. Während des Krieges trafen sich meine Eltern wieder, mein Vater trank nicht mehr soviel, und meine Eltern näherten sich einander wieder an. Ziemlich gegen Ende des Krieges zog meine Mutter wieder zurück zu meinem Vater in ihr altes Zuhause. Doch nach dem Krieg trank mein Vater schlimmer als je zuvor. Ich habe meine Mutter als kleines Kind immer wieder gebeten, sich scheiden zu lassen, denn mein Vater war sehr gewalttätig. Sie hat mir geantwortet: «Wenn wir Papa alleine lassen, dann endet er in der Gosse oder in der Trinkerheilanstalt. Das will ich nicht.» Ich habe mich damals damit abgefunden. Später, als ich an meinem ersten Buch über erwachsene Kinder von Alkoholikern schrieb und die Folgen dieses Zusammenlebens für mich endlich einen Namen bekamen, da dachte ich, es wäre besser für mich gewesen, sie hätte ihn sich selbst überlassen und sich von ihm getrennt.

Mein Vater war damals schon über 60 Jahre alt, und da er während seines erwachsenen Lebens immer getrunken hatte, befand er sich bereits im Endstadium des Alkoholismus. Mit 79 Jahren ist er zu Hause in seinem Zimmer an Leberzirrhose gestorben. Er wurde im Haus aufgebahrt und hatte ein Begräbnis, das ich nie vergessen werde. Meine Mutter hat ihm zu einem Leben verholfen, in dem er noch einen Rest Würde bewahren konnte. In seinen letzten Jahren war er auch nicht mehr gefährlich für uns, er erschien uns eher wie ein Kind. In meinen Gefühlen wurde ich zwischen Mitleid und Verachtung hin- und hergerissen. Daß ich ihn auch liebte, konnte ich damals nicht zulassen. Heute weiß ich, daß meine Mutter es für ihn und für mich richtig gemacht hat. Die Abhängigkeit meines Vaters hatte ich in vollem Ausmaß miterlebt und litt ohnehin an den Folgen der Familienkrankheit Alkoholismus. Daran hätte eine Trennung nichts mehr geändert. Vielleicht hätte ich eher Freundinnen mit nach Hause bringen können, weil ich mich nicht mehr hätte schämen müssen. Ich weiß es nicht. Vielleicht hätte meine Mutter ein einfacheres Leben gehabt. Doch für sie war es schon zu spät, noch einmal fortzugehen. Wenn mein Vater aber in der Gosse gelandet wäre, dann hätte ich eine große Last und Scham gespürt. Darum glaube ich heute, daß es für ihn und für mich so besser war. Ich habe meine Meinung in den letzten Jahren geändert.

Während ich dieses hier aufschreibe, kommen mir immer noch die Tränen. Es gab für meine Familie einfach keine richtige und gute Lösung. Wie bei allen Mitbetroffenen gab es nicht die eine Entscheidung, die das Leben im Nu wieder ins Gleichgewicht bringt und alles wieder gut werden läßt. Doch es kommt darauf an, die Entscheidung treffen zu können, die allen, auch einem selbst, am wenigsten schadet. Dies ist aber auf keinen Fall ein Plädoyer dafür, bei dem Alkoholiker zu bleiben. Mein Vater war im letzten Stadium des Trinkens, er hat sich wirklich zu Tode getrunken. Damals gab es keine Selbsthilfegruppen in unserer Nähe, keine Langzeittherapie, Alkoholismus war noch nicht als Krankheit anerkannt, und er hatte keine Chance, trocken zu werden. Meine Mutter ist mehrere Jahre sehr krank gewesen und starb neun Monate nach meinem Vater, der 20 Jahre älter war als sie. «Eine *nicht genesene* Co-Abhängige, die mit einem trinkenden Alkoholiker lebt, hat eine geringere Lebenserwartung als der Alkoholiker.» [24] Auch das kann einem zu denken geben.

Uta hatte gar nicht vor, sich von ihrem Mann zu trennen. Für sie war er immer ein «lieber Kerl». Nach und nach hatte sie gelernt, sich innerlich von ihm zu lösen und ihr eigenes Leben zu leben. Es schien ihr lange Zeit richtig, bei ihm zu bleiben. Dennoch wurde die Trennung auf einmal genauso notwendig für sie, wie es vorher das Bleiben gewesen war. Sie beschreibt den langsamen und quälenden Prozeß, der darin gipfelte, daß sie nur noch eins wollte: Ruhe.

▶ «Ich hatte auch damals meinen Mann sehr gern. Andere Angehörige von Alkoholikern hatten mir gesagt, daß man vielleicht zusammenbleiben könne. Man müsse halt abwarten. Ich habe relativ lange warten können, weil er nicht aggressiv war, weil wir mit dem Geld noch klargekommen sind und weil wir uns ein bißchen aus dem Wege gehen konnten hier in der Wohnung.

Ich habe ihm dann nach zwei Jahren gesagt: ‹Ich brauche Hoffnung. Du hast einen Monat Zeit, was zu tun, du mußt es nicht gleich schaffen, aber du mußt anfangen. Wenn du bis dahin nichts getan hast, dann geh ich.› Ich habe ihm diese Zeit gelassen, denn ich wollte keine Kurzschlußreaktion.

Er ist dann noch mal wieder zum Arzt gegangen, der hat ihn zum Psychiater überwiesen, der hat ihn zur Suchtberatung geschickt. Das hat alles immer Monate gedauert, bis er einen Termin gemacht hatte und dann hinging. Danach ist alles wieder eingeschlafen. Das war eben seine Taktik: ein bißchen was tun in der Richtung, und dann alles wieder im Sand verlaufen lassen. So hat er mich immer hingehalten.

Irgendwann habe ich wirklich die Hoffnung verloren. Ich habe gemerkt, ich warte und warte, dann kommt mal wieder was, dann verläuft es wieder. Das kann ich mir auch von etwas weiter weg angucken. Ich wollte meine Ruhe haben, etwas Spaß am Leben, genau wissen, wenn ich abends von der Arbeit nach Hause komme, daß ich mich dann erholen und in Ruhe irgendwas Schönes machen kann. Scheidung war mir völlig schnurz. Erst mal nur weg.

Ich habe ihm dann gesagt: ‹Ich suche mir jetzt eine Wohnung, ich kann das nicht mehr aushalten!› Da saß er da. Es war ein unheimlich heißer Tag im Sommer, und ich weiß nicht, ob es Tränen oder Schweiß war, es tropfte halt einfach nur. Ich habe nur gesagt: ‹Oder weißt du was Besseres?› Von ihm kam überhaupt nichts, wie immer. So eine Wand war das. Irgendwann an dem Nachmittag sagte er: ‹Ich geh noch mal zu dem Psychiater.› ‹Das kannst du gerne machen›, habe ich ihm gesagt.

Ich ging aus einer Pseudo-Geborgenheit weg, ich war nervlich unheimlich am Ende. Oft habe ich hier gesessen und geheult, und mir ging durch den Kopf: Ich muß mich von ihm trennen, ich muß mich auch von diesem Zuhause hier lösen, er wäre nie gegangen. Ich hatte mir überlegt, wenn ich eine Wohnung habe, dann kommt er eines Abends nach Hause, und dann fehlt hier die Hälfte der Klamotten. Ich wußte genau, was ich brauche, was ich mitnehme, das hatte ich alles für mich schon im Kopf geregelt. Ich mußte nur erst mal an die Wohnung kommen. Den einen Tag habe ich die Makler angerufen und gesagt: ‹Ja, ich suche eine Wohnung›, am andern Tag habe ich fast wieder abgesagt. Und ich hab ganz viel gebetet: ‹Hilf mir, laß es geschehen, wie es am sinnvollsten ist.›

Thomas hat noch mal einen Termin beim Psychiater gemacht, da sind wir dann beide hin. Ich habe dem gesagt, ich kann das nicht mehr, ich will das nicht mehr. Da hat der Psychiater zu mir gesagt, was würden Sie denn jetzt machen, wenn ihr Mann zu einer Langzeittherapie ginge.

Als der mich das fragte, da habe ich nur gedacht: vier Monate zu Hause bleiben dürfen und Ruhe haben, nichts tun müssen, keine Wohnung suchen und Ruhe haben in meinem Zuhause, traumhaft. Da habe ich gesagt, dann würde ich erst mal warten. Daraufhin hat mein Mann sich entschieden, eine Therapie zu machen. Aber ich habe das alles nicht gemacht, um ihn zu beeinflussen, überhaupt nicht. Es war einfach nur für mich. Ich denke, das ist das Entscheidende. Es war mir so egal, was mit ihm wurde. Ich habe damit gerechnet, daß er weitertrinkt. Aber ich wußte nur, ich will und brauche etwas mehr Abstand. Was dann ist, das werden wir sehen. Den Abstand brauchte ich, weil ich einfach nicht mehr konnte.» (Uta, 39 Jahre)   ◄

Uta ist an einen Punkt gekommen, an dem sie ihren Mann verlassen wollte, weil sie keine Kraft mehr hatte. Andere Partner von Alkoholikern wollen, auch wenn sie selbst schon fast am Ende ihrer Möglichkeiten sind, auf jeden Fall bleiben. Sie sehen ihre Beziehung trotz der Schwierigkeiten als eine Aufgabe, der sie sich nicht entziehen können oder wollen.
    Fritz gab seinen guten Job auf, um jeden Tag nach Hause kommen zu können. Er war nah dran aufzugeben.

►   «Am Freitag abend fuhr ich durch eine lange Allee. Ich war allein und in einer schlimmen Stimmung. Ich dachte: ‹Wenn du jetzt das Steuer verreißt, dann ist alles zu Ende, dann hast du nichts mehr mit diesem Scheiß-Alkohol und dieser besoffenen Frau zu tun.› Das waren so ganz schwarze Gedanken. Doch dann dachte ich an unsere Kinder. ‹Was ist, wenn ich nicht mehr nach Hause komme. Sie steht dann ganz allein da mit den Kindern.› Vielleicht hätte ich später, als die Kinder groß waren, zu ihr gesagt: ‹So, Mädchen, jetzt mußt du alleine zusehen, wie du klarkommst. Wenn du nicht aufhörst mit dem Trinken, dann trennen sich unsere Wege.› Doch ich wollte meine Ehe nie aufs Spiel setzen. In guten wie in schlechten Tagen, das war immer in meinem Hinterkopf. Wer heiratet und eine Familie gründet, der übernimmt Verantwortung. Doch wenn es hart wurde, wenn mich das alles so angeekelt hat und keine Lust mehr da war weiterzumachen, dann kam mir immer eine Szene in den Sinn: Unser Sohn war schwer verunglückt, die Polizei benachrichtigte uns. Dann standen wir an seinem Bett. Man hatte uns gesagt, wenn er diese Nacht übersteht, dann haben wir gewonnen. Er war bewußtlos. Sie hat seine Hand genommen und ihm über den Kopf gestrichen und ihm gesagt: ‹Du wirst leben.› Und das kam auch so. Das werde ich nie vergessen. Sie hat auch ihre guten Seiten, daran hab ich mich erinnert, wenn es ganz schlimm mit ihr war. Damals wußte ich auch noch nicht, daß Alkoholismus eine Krankheit ist.» (Fritz, 58 Jahre)   ◄

Warum die Trennung so schwerfällt?

Wenn Mitbetroffene aufgeben und eine räumliche Trennung suchen, ist die eigene Schmerzgrenze meist schon weit überschritten. Oft sind sie an einem Punkt angelangt, wo sie sich zwischen dem eigenen Leben und dem des Trinkenden entscheiden müssen. Sie sind am Ende ihrer Kräfte. Jetzt gilt es nur noch zu überleben. Den Alkoholiker vor die Tür zu setzen oder selbst auszuziehen wird plötzlich zur einzigen Alternative. Doch beides kann sehr schwer sein. Geht man selbst, so muß man mit der wenigen Kraft, die einem geblieben ist, eine neue Wohnung suchen, die Finanzen regeln und den Umzug so organisieren, daß der Partner möglichst wenig mitbekommt und den Auszug nicht behindern kann. Andererseits kann es genauso hart sein, jemanden vor die Tür setzen zu müssen, der offensichtlich sein Leben kaum noch geregelt bekommt. Anna erzählte mir von der Nacht, in der sie den Entschluß gefaßt hat, daß ihr Sohn gehen muß. Sie war durch das Leben mit zwei «nassen» Alkoholikern in ihrer Familie am Ende ihrer Kraft.

▶ «Langsam ging ich selber kaputt. Ich war inzwischen nur noch auf ihn fixiert, nichts weiter zählte. Ich konnte kaum was essen, nur noch rauchen. Ich habe stark abgenommen. Mein Sohn nahm mir immer wieder Geld weg, und alles, was ich ihm zwischendurch, um ihn zu beschäftigen, geschenkt hatte, verkaufte er für Alkohol und Drogen.

Da hat der Sozialarbeiter vom Gesundheitsamt gesagt, er könne mir nur den Rat geben, mich räumlich von ihm zu trennen. Ich sagte: ‹Wie soll ich das machen, er weiß ja nicht, wohin.› Ich kannte da Al-Anon noch nicht, und wußte nichts über die Krankheit Alkoholismus. Ich wußte auch nicht, wie man mit einem Alkoholiker umgehen sollte.

Aber eines Nachts, da war ich soweit, daß ich gesagt hab, nun will ich auch nicht mehr. Da hab ich die ganze Nacht im Sessel gesessen und nur eins gedacht: Ich wollte nur noch Ruhe haben. Du hast jetzt gearbeitet bis zu deinem 60. Lebensjahr, jetzt willst du noch ein bißchen Ruhe haben. Was änderst du, wenn du jetzt ‹weggehst›, also wenn ich mich umbringe. Damit ist ihm auch nicht geholfen. Auch wenn eine Mutter das Leben gibt für ihren Sohn... Wenn das dann so sinnlos ist!

Morgens um neun habe ich meinem Sohn gesagt: ‹Jetzt ist Schluß, alles nimmst du weg, schließt uns ein, helfen lassen willst du dir nicht. So geht das nicht weiter, hier hast du 30 Mark, und jetzt geh zum Sozialamt und laß dir da ein Dach überm Kopf geben.›

Ich hatte ihm gesagt, ich würde mich von ihm trennen. Da hat er geantwortet: ‹Das dauert ein paar Monate. Du mußt ja erst mal eine Räumungsklage einreichen.› Ich konnte ihm sagen: ‹Da irrst du dich. Jetzt geh hin, es ist neun Uhr, du kannst sie jetzt alle erreichen, und laß dir von denen eine Unterkunft geben. Inzwischen stell ich dir deine Sachen vor die Tür.›

Das habe ich dann auch gemacht, aber frag mich nicht, was in mir los war. Er ist zum Sozialamt gegangen, und die haben ihm in ... eine Bleibe gegeben. Seine anderen Sachen habe ich zum Sozialamt gebracht, die haben sie ihm dann gegeben.» ◀

Die nächsten drei Jahre hat sie ihn nur gesehen, wenn er vor ihrer Tür herumlungerte. Oder Freunde erzählten ihr, daß sie ihn betrunken in der Stadt gesehen hatten. Dann hat er einen Entzug angefangen und schien bereit, das durchzustehen. Aber schließlich hat er doch einen anderen «Weg» gewählt, ist aus dem Krankenhaus weggelaufen und hat Selbstmord begangen.

Anna kam erst durch die Trennung wieder zu Kräften und hilft heute Menschen, deren Kinder oder Partner alkoholkrank sind. Ihre Schwester ist inzwischen trocken.

In einer Ehe mit einem Alkoholiker führen häufig einschneidende Erlebnisse, die ein Schlaglicht auf die Not und das Alleinsein werfen, zur endgültigen Trennung oder Scheidung:

▶ «Ich bin noch einmal schwanger geworden und habe abgetrieben. Das war das Ende meiner Ehe. Ich konnte dann nicht mehr. Ich hatte meinem Mann gesagt, daß ich das vierte Kind erwarte und es nicht austragen werde, weil ich nicht mehr kann. Er hat dagestanden und war völlig hilflos, hat nichts gesagt, überhaupt nichts gesagt. Das hat mir so weh getan. Ich dachte: ‹Nun stehst du wieder ganz allein da, ziehst sowieso schon die drei Kinder alleine groß, sozial seid ihr so zeimlich am Ende, jetzt kommt noch das vierte Kind, dann geht überhaupt nichts mehr.› Ich habe so gehofft, jetzt hilft er dir irgendwie und sagt so was wie: ‹Das schaffen wir› oder ‹Ich tu jetzt was. Ich höre jetzt auf zu saufen, und dann geht's weiter›. Doch da war nichts. Er hat nur dagestanden und geguckt. Da wußte ich, das ist das Ende. Das stand für mich fest, obwohl ich selbst schwer damit fertig geworden bin. Ich wußte einfach nicht mehr weiter.» (Christa, 38 Jahre) ◀

Christa hat sich scheiden lassen. Ihr Mann ist danach zu einer Langzeittherapie gegangen und ist seitdem trocken. Sie will keinen Kontakt mehr, und die Ehe ist auch innerlich zu Ende.

Annas und Christas Berichte zeigen, wie weit Mitbetroffene den Weg mit dem Alkoholiker gehen, wie selten sie frühzeitig sagen: Das ist dein Problem, sieh zu, daß du damit klarkommst. Ich kümmere mich um mich selbst.

In einem vom Alkoholismus bestimmten Alltag fällt es schwer zu entscheiden, ob allein der innerliche Abstand von der alkoholkranken Person ausreicht oder ob man sich auch räumlich trennen müßte. Man ist so verwirrt, daß man nicht mehr auseinanderhalten kann, was noch normal, richtig, gesund und unterstützend wäre und was ausbeutend, erniedrigend und krankmachend ist. Oft ist man so in der Situation gefangen, daß man ohne Informationen und Hilfe von außen nicht einmal mehr innerlich einen Abstand zwischen sich und der alkoholkranken Person herstellen kann.

Mitbetroffene nennen viele Gründe, warum sie unbedingt an der Beziehung festhalten möchten. Einige sagen, sie wollten keine zerbrochene Ehe oder Familie, sie wollten ihr Heim behalten. Sie glauben, daß die Kinder unter einer Trennung mehr leiden würden als unter dem Leben mit einem Alkoholiker. Manche finden die Beziehung doch noch befriedigend genug, es gebe auch glückliche Momente. Oder man hat finanzielle Gründe, kann oder will aus der Wohnung, dem Zuhause nicht ausziehen.

Durch den Alltag mit einem Alkoholiker sind viele so erschöpft, daß es ihnen schwerfällt, eine Trennung konkret ins Auge zu fassen. Der damit verbundene Aufwand wirkt oft so abschreckend, daß sie lieber bleiben, wo sie sind. Wenn die Situation nicht in dauerndem Streit oder in gewalttätigen Ausbrüchen eskaliert, erscheint einem sogar die schlimme, kräftezehrende Situation irgendwie erträglich. Man bleibt, weil die Umgebung einem vertraut ist. Das Neue ist unbekannt, verunsichert einen zusätzlich, und man hat keine Ahnung, wie die Zukunft aussieht. All das gilt besonders für Frauen, die in Alkoholikerfamilien aufgewachsen sind.

Viele bleiben aber auch in einer solchen Beziehung, weil sie Angst vor dem Alleinsein haben, eine Angst, die sie selbst nur schwer erkennen können. Elise ist mit einem Mann befreundet, der regelmäßig trinkt, seinen Alltag nach außen hin aber noch weitgehend bewältigen kann. Er sagt von sich, daß er nur trinke, weil es ihm schmeckt. Elise hat ihn schon mehrfach auf sein Trinken angesprochen.

▶ «Eigentlich hab ich so eine unrealistische Hoffnung, daß er sich vielleicht mal ändert. Oder daß man sich vielleicht doch auf ihn verlassen kann, daß er zu dem steht, was er sagt. Ich denke, das hat auch was mit dem Alkohol zu tun.

Was ich für mich tun kann, ist, daß ich gehen kann, daß ich es schaffe zu gehen. Eigentlich möchte ich mich gerne auf jemanden verlassen können. Ich denke, das ist gespalten. In der Vergangenheit habe ich die Beziehung oft auf der Kippe gesehen. Irgendwann ist mir mal klargeworden, warum ich mich nicht trennen kann, bis jetzt jedenfalls nicht. Diesen Sommer, da haben wir uns am Telefon unheimlich angebrüllt, da haben wir viel Streß miteinander gehabt, weil er wieder keine Zeit für mich hatte. Dann hat er schließlich zu mir gesagt: ‹Weißt du, dir passen so viele Sachen an mir nicht, warum beenden wir die Beziehung nicht einfach?› Dann bin ich ziemlich ausgerastet. Das hat mich in solch eine Panik versetzt. Ich habe dann irgendwann das Telefon aufgelegt. In dieser Sekunde habe ich gemerkt, es geht nicht um ihn. Es war ein ganz, ganz tiefgehendes Gefühl von Panik, daß ich mich plötzlich total alleine gefühlt habe. Was völlig unrealistisch ist. Das ist so ein Gefühl von früher, wo ich doch gedacht hatte, daß es weg wäre. Ich glaube, da ist immer noch so eine Panik.» (Elise, 41 Jahre) ◀

Elise spricht das aus, was oft hinter all dem Helfen, Aushalten, Hoffen und Kämpfen verborgen bleibt. Der Alkoholiker spürt die Angst der Mitbetroffenen vor dem Verlassenwerden und kann es sich leisten, mit Trennung oder mit anderen Frauen zu drohen. Wenn man darauf eingeht, wird man wieder zum Mit-Spieler: Der potentielle Gewinn – das Beziehungsglück – scheint in weite Ferne zu rücken, und schnell wird der Einsatz erhöht, also nachgegeben und «mitgespielt» wie früher.

▶ «Co-Abhängige können sich nicht vorstellen, daß sie so, wie sie sind, für andere wertvoll sein können, und so geben sie auch den kleinen Rest an Selbstwertgefühl bereitwillig auf, wenn es eine Beziehung zu erhalten gilt... Sie leiten ihre Existenzberechtigung ausschließlich von anderen her. Werden sie von anderen nicht geschätzt und bestätigt, so glauben sie keine Daseinsberechtigung auf dieser Welt zu haben... Sie können sich nur schwer vorstellen, daß irgend jemand auf der Welt sie um ihrer selbst willen mögen könnte, also müssen sie sich unentbehrlich machen. Das kann man tun, indem man anderen «hilft» – indem man z. B. Dinge für sie tut, die sie eigentlich ganz gut selbst erledigen könnten.» [25] ◀

Vor allem Frauen haben das Gefühl, sich anstrengen zu müssen, damit der Alkoholiker freundlich zu ihnen ist, Zeit für sie hat und sie auch liebevoll behandelt, statt sie ungerecht anzufahren und zu beschuldigen oder sich bei ihnen auszuweinen. Sie haben vergessen oder verlernt, daß diese Art «Vorleistung» in einer echten Partnerschaft nicht nötig ist.

Auch die Angehörigen von Alkoholikern, die gar nicht mit dem Abhängigen zusammenleben, sind durch ihr Denken, durch die ständigen Sorgen und die dauernde Erwartung einer nahen Katastrophe immer mit dem Trinkenden verkettet. «Was macht meine Mutter, wenn wir sie Heilig Abend nicht mehr zu uns einladen, wird sie zu Hause sein, sich einsam fühlen und sich wieder sinnlos betrinken wie im letzten Jahr?» – «Ob heute wieder die Polizei anruft und uns mitteilt, daß sie unseren Sohn sturzbetrunken und randalierend aufgegriffen haben? Als er im Knast war, hatte ich wenigstens Ruhe, da war er aufgehoben, aber jetzt kann alles jederzeit wieder losgehen.» – «Ruft heute meine Mutter wieder an, um sich auszuweinen, weil Vater nach dem Urlaub wieder beim Alkohol zugeschlagen hat?»

Als mein Vater starb, dachte ich, daß diese Art von Verkettung mit dem Unheil nun vorbei wäre. Aber ich fühlte sogar noch viele Jahre danach diese schwarze Wolke über mir, aus der heraus jederzeit ein Drama, eine Krise auf mich herabfallen konnte, der ich nicht zuvorkommen konnte.

Das innerliche Loslassen, das ich schon beschrieben habe, ist eben auch für die wichtig, die nicht mehr mit der alkoholkranken Person zusammenleben. Zugleich ist es ein starkes Indiz für die Familienkrankheit Alkoholismus. Wir sind betroffen, sogar dann, wenn der Alkoholiker, dem wir «die Schuld geben könnten», nicht mehr lebt. Wir alle brauchen eine Veränderung unseres Denkens und Handelns, um unsere wirklichen Gefühle wieder zuzulassen.

Was passiert mit den Kindern?

Als ich vor einigen Jahren anfing, mit den Mitbetroffenen über ihre Kinder zu sprechen, hörte ich häufig: «Meine Kinder haben das alles nicht so mitbekommen, die schliefen schon, wenn er nach Hause kam.» Oder: «Die kommen besser damit klar als ich.»

Viele leben mit der Illusion, daß die Kinder nicht viel davon bemerken, wenn man ihnen nichts sagt, wenn man nicht über den Alkoholismus spricht und vor ihnen verbirgt, wie es einem selbst damit geht. Wenn die Kinder dann auch von sich aus nicht über den Alkoholiker sprechen, nimmt man nur zu gerne an, sie hätten kein Bedürfnis oder vielleicht sogar keine Ahnung. Viele Eltern sagten mir als Begründung für ihr Schweigen den Kindern gegenüber: «Mein Kind ist ganz normal, so wie andere Kinder auch. Es kommt gut damit klar.» Oder: «Meine erwachsene Tochter und mein großer Sohn haben beide studiert, beide sind erfolgreich im Beruf. Da ist nichts zurückgeblieben.»

Leider stimmt das nur sehr selten und nur unter bestimmten Bedingungen. Lediglich ein kleiner Teil der Kinder aus Alkoholikerfamilien wird nach außen hin auffällig. Allen anderen sieht und merkt man ihre Situation nicht an. Dafür haben sie zu gut gelernt, die Fassade gerade auch der Mutter oder dem Vater gegenüber zu wahren. Und wenn eins der Kinder tatsächlich auffällig wird, z. B. die Schule schwänzt, Ladendiebstähle macht, merkwürdige Ängste vor Alltagsdingen entwickelt, Hautprobleme oder Asthma bekommt, dann wird dem Sozialarbeiter oder der Therapeutin von dem Alkoholproblem zu Hause in der Regel nichts erzählt.

Daher scheint es mir wichtig, Mütter und Väter wenigstens kurz über die Folgen des Alkoholismus für ihre Kinder zu informieren. Sie haben dann eher eine Chance, den Kindern wirklich zu helfen. Denn was diese wirklich fühlen und denken, das können sie auch zu Hause schon lange nicht mehr mitteilen.

Anpassung um jeden Preis

Genau wie Erwachsene wissen Kinder nicht, daß Alkoholismus eine Krankheit ist, zu der ganz bestimmte Verhaltens- und Denkmuster gehören. Sie stellen sich ebenso wie andere Mitbetroffene ganz auf den trinkenden Elternteil ein. Da Alkoholiker unberechenbar sind und oft nicht mehr wissen, was sie noch vor ein paar Stunden gesagt und getan haben, müssen Kinder immer auf der Hut sein, um nicht zum Anlaß für Wutausbrüche oder neues Trinken zu werden. Oft fühlen sie sich schuldig für das Trinken eines Elternteils. Sie werden hochsensibel für Stimmungen und spüren sehr schnell, wenn der Vater unruhig wird oder weinerlich.

In einer Alkoholikerfamilie kann sich kein Kind geborgen fühlen, auch wenn sich die erwachsenen Mitbetroffenen noch so sehr bemühen. Kinder erleben, wie ihre Eltern sich fast täglich streiten, wie jemand in der Familie verbal angegriffen oder auch geschlagen wird. Sie haben oft Angst, wenn ein Elternteil getrunken hat. Doch sie haben gelernt, daß man über das Trinken von Vater oder Mutter nicht spricht. Für das Kind bedeutet das auch, man vertraut sich niemandem an. Man spricht nicht mit der Freundin, mit dem Lehrer oder der Sozialarbeiterin, noch nicht mal mit den eigenen Geschwistern darüber, was man in der Nacht gehört hat, als man sich schlafend stellte, oder was man am letzten Geburtstag erlebt hat, als Vater sein Versprechen wieder mal nicht gehalten hat. Diese Schweigeregel wirkt wie ein Tabu. Zwar hat niemand das Sprechen verboten, doch das Beispiel der Erwachsenen ist so deutlich, das es selten Ausnahmen von dieser Regel gibt. Sprachlosigkeit läßt Kinder und Jugendliche allein mit ihrer Verwirrung und Angst, mit ihren Fragen und ihrem Nichtverstehen.

Dominique, Kind einer Alkoholikerfamilie, schreibt auf, was los ist, ohne etwas Konkretes über den Alkoholismus zu sagen.

▶ «Ich bin auf dem Weg nach Hause
etwas drückt mich
die Gedanken schwirren im Kopf
es ist kalt, die Kälte ist schön, ich fühl mich frei.
Zu Hause ist es heiß
ich kann nicht atmen
es ist Gefahr in der Luft.»
(Dominique, 15 Jahre)   ◀

Wenn man über offensichtliche Tatsachen nicht sprechen darf, muß man vieles zurechtbiegen. Kinder werden Zeugen, wie die Mutter, die sonst immer von einem verlangt, die Wahrheit zu sagen, plötzlich am Telefon den Arbeitgeber, Freunde oder Verwandte belügt. Über den Streit oder die Schläge in der Nacht spricht auch sie nicht. Viele Kinder verlernen, die Dinge und Situationen so darzustellen, wie sie sind. In der Schule erzählen sie vielleicht Geschichten oder lügen bei unwichtigen Kleinigkeiten. Ein Mädchen kann z. B. der Freundin erzählen, daß auch sie den Film gestern abend im Fernsehen gesehen hat, obwohl sie gar nicht fernsehen konnte, weil ihre Mutter betrunken im Wohnzimmer lag.

Kinder aus Alkoholikerfamilien müssen die Realität so hinbiegen, daß keiner mit ihnen schimpfen kann. Sie lernen die Wirklichkeit so zu verdrehen, daß sie vor unangenehmen Fragen geschützt sind. Das ist die Anpassungsleistung, die Kinder und Jugendliche zu Hause erbringen müssen. Dabei haben sie keine Wahl, weil sie vom Wohlwollen und von der Fürsorge der Erwachsenen abhängig sind. Das gilt auch für Jugendliche. Sie lernen zu Hause zu lügen, obwohl die Erwachsenen offiziell von ihnen die Wahrheit fordern. Das bringt mehr als nur Tatsachen durcheinander. Es führt dazu, daß Erwachsene, die als Kinder mit dem Leugnen und Vertuschen aufgewachsen sind, von sich sagen: «Ich hab mich immer irgendwie verrückt gefühlt.»

Monique beschreibt, wie sich das anfühlt:

▶ «Full House
Eine Zigarette anzünden
und aus dem Fenster schauen
Gegen sich selber Kniffel spielen
und sich betrügen.
Rauch brennt in den Augen
es war keine 5, sondern eine 6
abaschen und ausdrücken.
Ich hab' verloren.»
(Monique, 16 Jahre)   ◀

Das Schweigegebot gilt auch für eine ganze Reihe von Gefühlen, und zwar genau für die, die beiden Eltern unangenehm sind: Angst, Wut, Enttäuschung und Traurigsein. Kinder beobachten, wie der Vater betrunken nach Hause kommt oder die schon mittags nicht mehr nüchterne Mutter ihre Freunde aus der Schule begrüßt. Sie schämen sich. Sie versuchen dieses Gefühl zu vermeiden, weil sie die erwachsenen Mitbetroffenen nicht zusätzlich belasten wollen. Auf keinen Fall möchten sie den Alkoholiker provozieren, denn das ist gefährlich. Mehr als einmal haben sie erlebt, daß sie für ihr ängstliches Weinen angefahren wurden, daß die Mutter nach einem gewalttätigen Streit in der Nacht so tat, als ob alles in Ordnung sei. Für die Gefühle der Kinder ist kein Raum, und sie verstehen nicht, warum das so ist. Niemand erklärt ihnen, daß ihr Vater (oder ihre Mutter) alkoholkrank ist und warum der andere Elternteil, meist die Mutter, keine Aufmerksamkeit und Kraft für sie hat. Beide Eltern sind ja nicht mehr in der Lage, auf ihre Kinder einzugehen. Sie haben ihre eigenen Gefühle verdrängen müssen, und nun fällt es ihnen schwer, sie bei den Kindern zu akzeptieren.

Mit der Angst, dem ohnmächtigen Zorn und der Enttäuschung allein gelassen zu werden, das tut weh. Dazu kommt noch, daß den Kindern diese Gefühle unberechtigt erscheinen, als wären sie falsch. Wenn ein Kind nicht über seine Angst der letzten Nacht erzählen kann, weil die Mutter so tut, als wäre nichts gewesen, dann muß die Angst falsch sein, es gibt ja gar keinen Grund dafür. Um diesen Schmerz nicht zu spüren, setzt auch bei den Kindern der Mechanismus ein, den wir Verdrängung nennen. Diese «Lösung» kommt automatisch und verhindert, daß die Kinder erkennen und fühlen müssen, wie unwichtig sie im Grunde für ihre Eltern sind.

Kinder erleben sich auch dann als Nebensache, wenn beide Eltern sie gar nicht zur Seite schieben wollen und sie eigentlich liebhaben. Doch man darf nicht vergessen, daß es für den Alkoholiker von absoluter Wichtigkeit ist, seinen Alkoholpegel zu halten. Dazu muß er trinken und sein Leben nach dem Alkohol ausrichten. Kinder haben da nur zwischendurch mal eine Chance. Wenn Sie sich als Mitbetroffene mit den vorhergehenden Erzählungen und Berichten identifizieren konnten, dann steht auch für Sie der Alkoholiker und die damit verbundenen Aufregungen und Schwierigkeiten im Mittelpunkt. Ihre Kinder müssen zwangsläufig am Rande stehen. Das nehmen Kinder wahr, und es schmerzt sie. Wenn etwas zu sehr weh tut oder wenn das Gefühl ganz offensichtlich gar keinen Platz hat in der Familie, dann ist es besser, gar nichts zu fühlen.

Sonja hat mit elf Jahren eine kleine Geschichte gezeichnet, in der sie erzählt, was sie gelernt hat. Sie hat sie ihrer Mutter geschenkt:

▶ «Im Internat hab ich so ein Büchlein geschrieben und gebastelt, so ein ganz kleines mit einem Mädchen drin, das am Weinen war. Und da hab ich drunter geschrieben: Hör auf zu weinen, das ist sinnlos, ordne deine Haare, und versuch ein Lächeln, wasch dein Gesicht, denn niemand muß wissen, daß du geweint hast. Na also, es geht doch.»[26]   ◄

Ihre Mutter war zu beschäftigt und hatte sich um zu vieles zu kümmern. Sie verstand überhaupt nicht, was Sonja ihr zu sagen versuchte. Sie hat aber auch später, nach der Trennung vom alkoholkranken Vater, nie Zeit gehabt für ihre Tochter.

Grenzverletzungen und Mißbrauch

Kinder aus Alkoholikerfamilien müssen Dinge erleben, die schwer zu verkraften sind. Sie sind, genau wie Ehefrauen und Partnerinnen, häufig Zielscheibe für Wutausbrüche. Auch sie werden oftmals körperlich miß-handelt oder sind Zeuge, wie Mutter oder Geschwister immer wieder geschlagen werden.

► «Körperliche Mißhandlungen verletzen auch die Seele. Wenn ein Kind geschlagen wird, wenn man es unsanft im Nacken packt, wenn man ihm den Auftrag gibt, selbst die Folterinstrumente zu holen, mit denen es gezüchtigt wird, kann ein solches Kind kaum glauben, daß es etwas Be-sonderes, Wunderbares und Einzigartiges ist. Wie soll es das auch, wenn ihm seine Bezugspersonen körperliche Schmerzen zufügen? Körperliche Züchtigungen zerreißen das seelische Band zwischen dem Kind und den Eltern. Stellen Sie sich vor, Ihr bester Freund käme auf Sie zu und würde Sie ins Gesicht schlagen.»[27]   ◄

► «Ich mußte den Teppichklopfer immer selbst holen, mit dessen Stiel ich verprügelt wurde. Ich wußte nie, warum ich diesmal Schläge be-kam. Das tat weh, ich hätte es bestimmt vermieden. Mein Vater hat auch meine Mutter immer verprügelt... Als jemand, ein Arzt, mich so anfaßte, da habe ich niemandem etwas gesagt, ich hatte Angst. Nie-mand würde mir glauben und helfen, ich hatte bis dahin ja auch alles alleine geschafft. Ich hatte Angst, noch Schläge dafür zu bekommen. Als ich einmal ins Eis eingebrochen war, hab ich auch Schläge bekom-men. Ich habe immer noch unberechtigte Angst vor Autoritäten.» (Vera, 45 Jahre)   ◄

Neben körperlicher Gewalt erleben Kinder in Alkoholikerfamilien auch sexuelle Grenzverletzungen. Alkohol enthemmt und hilft, sexualisierte Stimmungen und damit auch sexuellen Mißbrauch zuzulassen. Sexueller Mißbrauch beginnt in meinen Augen dort, wo man Kinder, meist Mädchen, als sexuelle Wesen taxiert und verbal kommentiert, genauso wie Frauen dies in Kneipen erleben können. Wenn ein alkoholisierter Vater sexuelle Anspielungen macht und Flirtverhalten zeigt, dann können erwachsene Frauen sich wehren, Kinder aber nicht. Töchter sind keine Sexualpartner, auch nicht in der Phantasie. Sie hören und spüren diese Grenzübertretung. Diese Mädchen werden verletzt. Später haben sie ähnliche Probleme wie Mädchen, die auch körperlich sexuell mißbraucht wurden. Sie haben es allerdings schwerer, die Ursache dafür herauszufinden, da ihnen angeblich niemand etwas «getan» hat. Dieser nichtkörperliche Mißbrauch wird von Müttern häufig übersehen, zum großen Schaden der Mädchen. Auch wenn man den Alkoholiker nicht stoppen kann, so ist es doch wichtig, daß die Mutter dieses Verhalten verurteilt und das Mädchen zu schützen versucht. Es erhält dadurch die Bestätigung, daß es sich zu Recht verletzt gefühlt hat. Seine Gefühle sind in Ordnung, und es muß sich nicht auch noch verrückt vorkommen, weil keiner seine Empfindung teilt.

Bei den Tätern, die Kinder auch körperlich sexuell mißbrauchen, handelt es sich nicht automatisch um den Alkoholiker selbst. Alkoholismus in der Familie begünstigt auch mögliche Täter aus dem Verwandten- und Bekanntenkreis. Kinder aus einer Alkoholikerfamilie haben sowieso schon intensiv gelernt, nichts zu sagen, was für andere in der Familie peinlich sein könnte. Sie sind es gewohnt, alle schmerzlichen und ekelhaften Gefühle zu verdrängen, und kommen nicht mehr auf den Gedanken, sich jemandem anzuvertrauen. Sie haben gelernt, die Wirklichkeit für sich selbst so hinzudrehen, daß sie mit den Personen weiterleben können, für die sie sich schämen und die sie so massiv verletzt haben. Sie schweigen auch über den sexuellen Mißbrauch, weil sie befürchten müssen, daß ihnen nicht geglaubt wird. Auch glauben sie oft, immer zu Unrecht, selbst schuld zu haben.

Potentielle Täter wählen mit einem schrecklichen Instinkt solche Kinder aus, die ohnehin glauben, weniger Rechte zu haben, und die es gewohnt sind, daß ihre Grenzen verletzt werden, die oft noch glauben, verantwortlich zu sein für das, was der Täter ihnen zufügt. Manche glauben auch, die Mutter vor solchen Wahrheiten beschützen zu müssen, und sind überzeugt, es alleine schaffen zu können.

Wenn Sie an Ihren Kindern Veränderungen wahrnehmen, z. B. wenn sie sich weigern, zu einer bestimmten Person hinzugehen, so sollten Sie das besonders beachten, die Gefühle Ihrer Kinder ernst nehmen und ihnen glauben. Falls Sie wissen, daß Ihr Kind von jemandem aus der Familie sexuell mißbraucht wurde oder wird, dann müssen Sie sich von dieser Person trennen. Dabei dürfen Sie sich im Interesse der Kinder keine Zeit lassen. Wenn Sie dazu nicht in der Lage sein sollten, dann müssen Sie sich und den Kindern Hilfe holen. Wenden Sie sich an eine Beratungsstelle. Wenn Sie Zweifel an den Aussagen Ihrer Kinder haben, so machen Sie sich deutlich, daß kein Kind so etwas erzählt, das nicht in großer Not ist, von welcher Art diese Not auch sein mag. Weitere Hinweise finden Sie in der Adressen- und Literaturliste im Anhang dieses Buches.

Doch nicht nur körperliche und sexuelle Mißhandlungen stellen eine schwerwiegende Grenzverletzung dar. Auch die Kinder und Jugendlichen, die von ihren Eltern psychisch als Partnerersatz benutzt werden, werden in unzumutbarer Weise belastet. Väter oder Mütter teilen ihren oft sehr privaten (Ehe-)Kummer mit den Kindern, die früh eine überfordernde Beraterrolle übernehmen müssen. Dabei geht es nicht darum, Gefühle zu zeigen und zu akzeptieren, sondern darum, Kinder für die eigenen Bedürfnisse auszunutzen und sich Trost von denen zu holen, die selber Trost brauchen.

Rollen als Überlebensmuster

In Alkoholikerfamilien wird das Leben der Kinder vor allem von dem für sie unberechenbaren Verhalten des Alkoholikers bestimmt. Auch der andere Elternteil reagiert nur auf den Alkoholiker, statt selbst über sein Leben und das der Kinder zu entscheiden. Diese Kinder leben wie auf einer Achterbahn. Nie wissen sie, was passieren wird. Verläßlichkeit kennen sie nicht, Versprechungen vertrauen sie nicht. Daraus erklären sich viele ihrer Verhaltensweisen.

Weil die Erwachsenen sie in eine eigentlich unerträgliche Situation bringen, müssen sie sich selbst schützen. Sie suchen nach Mitteln und Wegen, die ihnen Entlastung bringen und die Lage zu Hause irgendwie erleichtern können. So versuchen sie unbewußt, eine unkontrollierbare Situation in den Griff zu bekommen, ganz als ob es von ihrem Verhalten abhinge, ob Vater oder Mutter weitertrinken. Von außen ist zu erkennen, daß sie in der Familie ganz bestimmte Rollen übernehmen. Rollen sind ständige Verhaltensmuster, die die Kinder und Jugendlichen so lange beibehalten müssen, bis sich eine andere Situation ergibt. Sharon Wegscheider hat festgestellt, daß sich Kinder in Alkoholikerfamilien im Gegensatz zu «normalen» Familien ihre Rollen nicht je nach persönlicher Situation und Charakter aussuchen können. Im Gegenteil: «Welche Rolle von welcher Person übernommen wird, hängt stärker von ihrer Position in der Familie ab als von Persönlichkeitsfaktoren.» [28]

Die Versuche, das Unkontrollierbare in den Griff zu bekommen, haben verschiedene Rollengesichter. Jede Rolle hat auch eine Aufgabe in dem Familienmobile, dient also dazu, daß sich alle entlastet fühlen. Die Rollen werden unbewußt übernommen, einfach dem Zwang der Situation folgend. Das funktioniert ähnlich wie bei einer mitbetroffenen Partnerin, die ja auch unter Zugzwang geriet und dann mit Erster Hilfe und dem Mit-Spieler-Verhalten ganz typisch reagiert hat. Auch die Mitbetroffene ist in diese Rolle zunächst ganz automatisch geschlüpft. Lange Zeit glaubte sie, als einzige auf diesen «Rettungsgedanken» gekommen zu sein. Erst von außen betrachtet, erkennt man, daß das Verhalten von Mitbetroffenen sich sehr ähnelt, so daß man von der Rolle der Mitbetroffenen, der Helferin sprechen kann. Im Gegensatz zu den Kindern aber kann eine erwachsene Person diese Rolle aufgeben und sich trennen. Kinder haben nur diesen Vater und diese Mutter und versuchen, durch ihre Anpassungsleistung irgendwie mit der Situation klarzukommen. Die Rollen, die die Kinder übernehmen müssen, bewirken alle zweierlei: Die Kinder helfen mit, die Auswirkungen der Alkoholkrankheit zu verschleiern, und sie lenken die Familie, vor allem den Alkoholiker, auf verschiedene Art vom eigentlichen Problem, vom Alkoholismus, ab. Die verschiedenen Rollenmuster sind nicht fürs ganze Leben festgeschrieben, sie können unter den Kindern wechseln. Wenn ein Kind das Haus verläßt, übernimmt ein anderes seine Rolle. Keines von ihnen kann sich seine Rolle auswählen, denn die Notwendigkeit, das Familienmobile zu stabilisieren, bestimmt, was und wie gehandelt werden muß.

Das älteste Kind entlastet die Familie meist, indem es Verantwortung übernimmt, die eigentlich einer der Erwachsenen tragen müßte. Es kümmert sich um die jüngeren Geschwister, um die Mutter, die ab nachmittags immer betrunken ist, um den Haushalt und steht für Vaters Gesprächsbedürfnisse zur Verfügung. Diese Kinder leeren Weinflaschen, kontrollieren die Verstecke, nehmen Vater oder Mutter Versprechen ab, denen sie doch nicht mehr glauben. Sie helfen mit, den Zustand, in dem sich die Familie befindet, zu stabilisieren, da ihr Verhalten dazu beiträgt, den Zusammenbruch von Vater oder Mutter zu verhindern. Der Gewinn ist zweifach: Zum einen kann der Jugendliche seine Scham verringern, da weniger von der Situation nach außen dringt. Andererseits bekommt die alkoholkranke Person die «Hilfe», die sie braucht, um ruhig weitertrinken zu können. Sie braucht nicht zu befürchten, daß ihr Zustand öffentlich wird, sie braucht sich nicht mit ihrer Abhängigkeit zu konfrontieren, weil die Folgen der Sucht von diesem Kind und von der erwachsenen Mitbetroffenen vertuscht werden. Alles kann beim alten bleiben. Dies ist die Rollenbeschreibung des *enabler*, der Helferin oder Fürsorglichen. Sie ist der Rolle der Mitbetroffenen ähnlich. Für den oder die Erstgeborenen gibt es aber noch weitere Rollen: den Helden, der in der Schule besonders gute Leistungen bringt, der alles kann und jede Schwierigkeit mit Bravour meistert. Oder den Fleißigen, der nach der Lehre eine Abendschule besucht, einen besseren Schulabschluß macht und sich dabei weiterhin um die Familie kümmert.

Sind mehr als zwei Kinder da, weist eins meist Züge des «Maskottchens» auf, scheint fröhlich und unterhaltsam, herzlich und natürlich zu sein. Dieses Kind schafft es häufig, die ungute Spannung in der Familie aufzulösen. Es kann jedoch auch zum «Zappelphilipp» werden, der immer in Bewegung ist und diejenigen, die in seiner Nähe sind, in Atem hält. Auf diese Kinder kann die Familie stolz sein. Wenn wir solche Kinder haben, können wir doch keine Problemfamilie sein. Bei uns ist alles in Ordnung, schaut auf unsere Kinder: hilfsbereit, leistungsstark und fröhlich. So helfen die Kinder oder Jugendlichen auf ihre Art mit, die Fassade aufrechtzuerhalten.

Es gibt aber auch die unsichtbaren Kinder, oft sind es die vierten, denn die anderen, attraktiveren Rollen sind schon besetzt. Da bleibt nur noch übrig, möglichst unsichtbar und wenig im Weg zu sein, da Reaktionen unvorhersehbar sind. Diese Kinder leiden unter großer Einsamkeit:

▶ «Warum hört man mich nicht, wenn ich schreie?
Wenn ich versuche, mich zu verständigen,
zu sagen, daß ich hier bin, daß ich lebe, daß ich fühlen kann?
Bin ich so unscheinbar?
Oder will man mich nicht hören?»
(Franziska, 16 Jahre)   ◀

Die bekannteste Rolle, die Kinder im Familienmobile übernehmen, ist die des Sündenbocks. Diese Rolle muß oft von dem zweiten Kind übernommen werden und bringt starke Entlastung für die Familie. Auf den ersten Blick erscheint das widersprüchlich, denn dieses Kind macht der Familie viel Kummer. Es ist der *Troublemaker*, der die Schule schwänzt, in Ladendiebstähle verwickelt ist, sich mit anderen prügelt, oder die Jugendliche, die früh schwanger wird, deretwegen die Eltern zur Schule kommen sollen, die sich früh betrinkt und mit ihrer Clique Zechtouren macht. Dieses Kind zeigt nach außen am deutlichsten, daß etwas mit dem Familiensystem nicht stimmt. Doch gerade diese Rolle dient der starken Entlastung des gestörten Systems. Die Eltern sind mit den Folgen des schwierigen und auffälligen Verhaltens so beschäftigt, daß sie sich auf gar keinen Fall mit dem Trinkenden in ihrer Familie auseinandersetzen müssen. Werden sie von Lehrern, Sozialarbeitern oder Therapeutinnen auf ihre Familiensituation angesprochen, so ist angeblich alles in Ordnung. Erst nach mehrfachem Nachhaken kommen Hinweise von der Mutter oder dem Vater. Doch der Fokus aller Beteiligten richtet sich immer auf dieses Kind, das allen Ärger verursacht. Wenn man allerdings viele Alkoholikerfamilien kennengelernt hat und sieht, wie viele Kinder diese Rolle haben übernehmen müssen, dann erkennt man deutlich, wie tragisch sie schon früh die Schuld für etwas tragen, woran sie nicht schuld haben. Sie sind stark gefährdet, später selbst Alkoholiker zu werden. Ihre innere Unruhe und ihr Aufbegehren gegen etwas, das sie nicht einmal genau benennen können, bringt sie, zusammen mit Alkohol- und anderem Drogenkonsum, oftmals zu kriminellem Verhalten und dann ins Gefängnis. Ich habe mehrere interessante und begabte Jungen und Mädchen diesen Weg gehen sehen. Und ich vermisse Hilfe gerade für sie, Hilfe, die früh einsetzt; dort, wo sie zum ersten Mal auffällig werden.

Es muß noch sehr viel mehr wirkliche Aufklärung über die Probleme der Kinder aus Alkoholikerfamilien und über die Möglichkeiten, ihnen zu helfen, geben. Die finanzstarken und für Politiker prestigeträchtigen Drogenpräventionsprogramme an Schulen und bei der Polizei erreichen diese Kinder auf jeden Fall nicht. In diesem Buch haben zwei Mütter über das Leben mit ihren alkoholkranken Söhnen berichtet. Beide Söhne sind die Zweitgeborenen einer Familie, in der schon der Vater schwer trank. Tatsächlich ist es eher die Ausnahme, wenn von zwei Kindern einer Alkoholikerfamilie beide im Leben zurechtkommen. Welch ein furchtbarer Preis wird da von den Kindern bezahlt.

Katja hat Wochen gebraucht, um einen kurzen Bericht über ihre Situation zu schreiben. Besonders schwer fiel es ihr, über das zu schreiben, was sich gerade in ihrem Zuhause abspielte. Sie nennt diesen Bericht «Scheidung». Denn das Trinken wird von den Kindern meist nur als eine der vielen Ursachen für das Unglück in ihrer Familie angesehen. Für sie ist es nicht allein der Alkohol, der die Familie zerstört, sondern die Wutausbrüche, die Schläge, die Scheidung...

▶ «Scheidung
Immer mehr Jugendliche haben Probleme, auch weil sich immer mehr Eltern scheiden lassen. Mir hat niemand etwas von der Scheidung gesagt. Ich hörte immer nur Streit. ‹Du mit deinem Alkohol. Geh in eine Entziehungskur, wieso betrügst du mich, gebe ich dir nicht alles, was du brauchst? Jetzt reicht es mir, ich lasse mich scheiden!›

Diesen Spruch hörte ich jeden Tag. Doch meine Mutter versuchte es immer wieder. Bis mein Vater anfing zu schlagen, mit Gläsern hinter uns herwarf und uns mit Lügen zupflasterte: Ich schlage euch nur, weil ich euch liebe.

Ich glaubte es, ich war erst acht Jahre alt. Meine jüngeren Geschwister bekamen das nicht so mit, sie fragten oft: ‹Warum weinst du?› Ich wurde erst gar nicht damit fertig. Die einzige Person, mit der ich mich aussprechen konnte, war meine Lehrerin in der Grundschule. Sobald ich meine Mutter fragte, fing sie an zu schreien, und ich glaube, sie ist damit auch nicht fertig geworden. Ich traute mich dann gar nicht mehr zu fragen. Ich sonderte mich von jedem ab, ich schwänzte die Schule und setzte mich in den Keller, wo ich mich ausheulte.

An eine Szene kann ich mich noch genau erinnern: Mein Vater kam mal wieder betrunken nach Hause. Meine Geschwister waren draußen. Er schlug mich und meine Mutter. Ich wehrte mich und schlug mit Flaschen um mich.

Oft glaubte ich, ich wäre der Grund der Scheidung, und das glaube ich auch heute noch. Von der Scheidung selbst habe ich nichts mitbekommen, ich hatte mich von allem abgesondert, so eine Art Blackout.

Ich weine jetzt noch oft. Ich hab nicht nur den Vater verloren, den ich liebe, aber andererseits auch hasse, sondern auch meine Mutter, die mir immer noch nicht zuhört. Die mich auch sonst nicht beachtet. Manchmal wollte ich von zu Hause weglaufen, weit weg von allem, aber dann merkte ich, vor meinen Problemen kann ich nicht weglaufen. Aber wenn ich nicht weglaufe, was mache ich sonst? Ich bin doch nur auf der Welt, um Hausarbeit zu machen, um zur Schule zu gehen, damit ich ja was aus meinem Leben mache, und um Kinder in die Welt zu setzen. Aber warum? Damit sie später vielleicht auch mal das gleiche mitmachen? Nein, das ist nichts für mich.

Manchmal wünsche ich, ich wäre nicht auf der Welt, meine Eltern hätten nicht geheiratet und meine Mutter hätte einen Mann gefunden, mit dem sie glücklich geworden wäre. Oft, wenn wir uns streiten, ruft sie hinter mir her, ich soll doch zu meinem Vater gehen – und das immer, wenn ich dabei bin zu vergessen. Aber was soll ich da, er läßt nichts von sich hören und kümmert sich nicht um mich.

Ich fühle mich so: Niemand mag mich, niemand nimmt mich so, wie ich bin. Ich muß immer die Nette, Zuhörende sein. Aber ich mag nicht mehr. Ich versuche es oft anders, dann habe ich Angst, keine Freunde mehr zu haben. Aber was heißt Freunde, habe ich überhaupt welche, und wenn, lassen sie mich nicht im Stich, wenn ich mal Hilfe brauche?» (Katja, 14 Jahre). ◄

Katja ist inzwischen erwachsen, sie lebt nicht mehr zu Hause. Erwachsene Kinder von Alkoholikern glauben oft, sie könnten ihr Elternhaus verlassen, ihr Leben leben, wie sie es wollen, und mit dem Thema Alkoholismus abschließen. So dachte man noch vor einigen Jahren, und oft haben Erwachsene aus Alkoholikerfamilien ihre massiven Probleme gar nicht mit dem Alkoholismus ihrer Eltern in Verbindung gebracht. Heute weiß man mehr darüber.

Erwachsene Kinder aus Suchtfamilien sind hoch gefährdet, selbst alkoholabhängig zu werden (40–60 Prozent) oder einen Partner zu heiraten, der alkoholabhängig ist, auch wenn ihnen das zum Zeitpunkt des Kennenlernens nicht bewußt ist. Wer es geschafft hat, den unmittelbaren Dunstkreis des Alkohols zu verlassen, leidet häufig unter Hautproblemen, Asthma, Magen- und Darmstörungen oder Kopf- und Migräneschmerzen. Daher wundert es einen nicht, daß es viele medikamentenabhängige «erwachsene Kinder» gibt, aber auch viele Eßsüchtige sowie Mager- und Eß-Brech-Süchtige. Allen gemeinsam ist die Tendenz, von einer Krise zur nächsten zu leben. Die Krisen ihrer Kinder- und Jugendzeit haben sie nicht zum Innehalten kommen lassen. Dieses «Achterbahn fahren» ist ihnen ein vertrautes Muster geworden, das viele unbewußt weiterhin aufrechterhalten, z. B. indem sie mit problematischen Menschen (Süchtigen) zusammenleben, möglicherweise zuviel arbeiten oder sich häufig zu sehr um andere kümmern.

Diese sehr kurze Aufzählung zeigt vielleicht, wie notwendig es ist, mehr über Kinder von Alkoholikern zu wissen. Denn dann kann man ihnen helfen und den Folgen des Alkoholismus so weit wie eben möglich ein anderes Verhalten entgegensetzen. Ein Deich läßt das immer wiederkehrende Hochwasser nicht verschwinden, aber er schützt. Die Bedrohung ist da, doch man kann den Alltag ohne die Krisen der häufigen Überschwemmungen bewältigen.

Mit den Kindern reden

Genau wie Partner, Eltern oder Geschwister von Alkoholikern brauchen auch Kinder Informationen. Es ist daher sehr wichtig, daß Sie Ihren Kindern gegenüber die Fassade aufgeben. Sie ist ohnehin nur eine Attrappe, die die Kinder sowieso durchschauen. Wenn Sie offen mit ihnen reden, begreifen sie schnell und bereitwillig, daß Alkoholismus eine Krankheit ist. Oft lieben die Kinder gerade den trinkenden Elternteil sehr, und er tut ihnen leid. Wenn sie erfahren, daß Vater oder Mutter alkoholkrank sind, sind sie oft erleichtert. Sie möchten nicht, daß ihre Eltern als schlecht und haltlos oder als Schwächlinge abgestempelt werden. Durch die Information über Alkoholismus erhalten sie ihren Vater, ihre Mutter zurück, denn nun können sie ihn oder sie weiter liebhaben, ohne sich gegenüber dem nichttrinkenden Elternteil schuldig zu fühlen. Es ist sehr verwirrend für Kinder, z. B. den Vater zu mögen, obwohl er die Mutter schlägt. Wenn sie aber wissen, daß sein Verhalten von seiner Krankheit bestimmt ist und die Mutter sich in Zukunft vor Gewaltausbrüchen besser schützen will, dann können sie die Mutter unterstützen. Gleichzeitig wissen sie, daß es o. k. ist, ihren Vater trotzdem liebzuhaben.

Für Grundschulkinder gibt es ein Büchlein, das man mit den Kindern zusammen lesen kann: «Was heißt ‹betrunken›, Mama?» (siehe Bücherliste). Es gibt Auskunft über den trinkenden Vater, aber auch über die Mutter, die oft weint, nervös ist und wenig Zeit hat. Dieses Büchlein ist eine gute Grundlage, um miteinander über das zu sprechen, was man bisher vermieden hat. Denn auch mit kleinen Kindern kann man schon erstaunlich offen über Alkoholismus reden.

▶ «Meiner vierjährigen Tochter hatte ich erzählt, daß der Papa häufig so komisch ist, weil er so oft Cognac oder Bier trinkt. Und daß er damit nicht aufhören kann, weil ihn diese Alkoholkrankheit gepackt hat. Eines Tages kam ich nach Hause und war genervt von der ganzen Situation. Als mein Mann die Wohnung verließ, schimpfte ich hinter ihm her. Ich sagte nicht gerade die nettesten Sachen. Da hörte ich meine Kleine sagen: ‹Das ist nicht gerecht, Mama, das hätte auch dir passieren können, daß du krank wirst!› Da war ich ganz schnell ruhig. Sie hatte ja recht, sie konnte das akzeptieren, ich vergaß es immer wieder.» (Alice, 34 Jahre)   ◄

Für die Kinder ist es notwendig, daß Sie mit ihnen über das, was da in der Familie passiert, sprechen. Sie dürfen nicht nur, Sie müssen sogar ehrlich zu ihnen sein. Sagen Sie ihnen, daß es stimmt, was sie über den Streit in der letzten Nacht vermuten. Erzählen Sie ihnen, daß Sie nicht mehr im gemeinsamen Schlafzimmer schlafen, weil Sie den Geruch und das betrunkene Verhalten nicht mehr ertragen wollen. Informieren Sie die Kinder über gemeinsame Unternehmungen, und sagen Sie ihnen, warum Vater nicht mitkommt oder warum Sie ihn heute nicht mitnehmen wollen. Zeigen Sie ihnen, daß Sie Grenzen setzen, um sie zu schützen. Sie können ihnen z. B. sagen, daß niemand mehr mit dem Alkoholiker zusammen Auto fährt, wenn dieser getrunken hat. Bleiben Sie sachlich, und bemühen Sie sich, die alkoholkranke Person nicht schlechtzumachen. Stellen Sie Fakten fest, und erklären Sie diese den Kindern. Die erleben dann endlich, daß ihre Wahrnehmungen stimmen, daß sie offen sein dürfen, weil auch Mutter oder Vater offen darüber reden.

Ehrlich zu den Kindern zu sein bedeutet auch, seine eigenen Gefühle zuzugeben. Doch STOPP! Sie sollten unbedingt darauf achten, daß Sie Ihr Kind nicht zum Hilfstherapeuten oder zum Ersatz für eine erwachsene Person machen. Oft sind Mitbetroffene so isoliert, daß sie niemanden mehr haben, mit dem sie reden können. Hier darf man nicht unter dem Deckmantel der Ehrlichkeit einem Kind und auch nicht einem Jugendlichen sein Herz ausschütten. Es reicht zu sagen: «Ich bin auch traurig, daß Vater nicht mit dem Trinken aufhören kann», oder «Ich schäme mich manchmal auch, wenn ich sehe, wie betrunken Mutter ist.» Aber all die Dinge, die man einer guten Freundin, einem nahen Freund erzählen würde, sind schädlich für Kinder und auch für Jugendliche. Yvonne erzählt von den Gesprächen mit ihrem nichttrinkenden Vater:

► «Das war bei uns so, daß ich meinen Vater ganz anders erlebte und kennenlernte. Ich hatte immer das Gefühl, daß ich ihn trösten müßte, was ich aber gar nicht konnte. Ich habe meinen Vater so kennengelernt, wie er sich meiner Mutter wahrscheinlich als Partner präsentierte, also auch mit seinen Sorgen, seinen Problemen. Damit sah ich mich überfordert. Wir haben auch miteinander geredet. Mein Vater hat mir seine

Ekelgefühle mitgeteilt, er hat zwar nicht direkt darüber geredet, aber es gibt halt Untertöne in der Stimme, und Kinder sind sehr sensibel dafür. Ich merkte genau, daß es meinem Vater unheimlich schlecht ging, daß er unbedingt jemanden brauchte, mit dem er reden konnte.» [29] ◄

Erwachsene brauchen Erwachsene zum Reden, die sollte man sich schnell suchen (siehe Seite 136 ff.), damit man die Kinder und Jugendlichen nicht für seine eigenen Bedürfnisse benutzt und ihnen dadurch schadet.

Gefühle zulassen

Partnerinnen und Partner von Alkoholkranken haben oft ihre Gefühle unterdrücken oder verdrängen müssen. Wenn ihre Kinder mit Angst, Wut, Enttäuschung oder Traurigsein auf die Situation reagieren, dann finden sie diese Gefühlsausbrüche manchmal übertrieben oder sind davon unangenehm berührt. Das ist normal, weil man sich selbst diese Gefühle meist nicht mehr erlaubt. Doch es gibt einen wichtigen Grund, sich den eigenen Gefühlen wieder zu stellen und sie wieder zuzulassen: Die Kinder brauchen wenigstens eine Person in ihrem Leben, bei der sie ihre Gefühle zulassen und zeigen dürfen und die sie darin bestätigt, daß es in Ordnung ist, so zu fühlen.

► «Mein Sohn (zehn Jahre) wird manchmal ganz aufgeregt, er scheint zu übertreiben, weil ihm bisher ja noch nie was passiert ist. Mein Mann schlägt ihn doch gar nicht. Aber der Junge phantasiert, daß sein Vater ihm etwas antut. Er hat dann solche Angst und läßt mich für Stunden nicht weggehen.» (Gabriele, 34 Jahre) ◄

Dieser Junge hat schon das Glück, seiner Mutter sagen zu können, daß er Angst hat. Ich hätte das als Kind nie gewagt. Seine Mutter muß nun begreifen, daß der Junge aus seiner Sicht zu Recht Angst hat. Aus seiner Sicht ist das Leben sehr bedrohlich, denn er kann sich nicht in Sicherheit bringen, er kann nicht von zu Hause weggehen. Er spürt die Aggressivität seines betrunkenen Vaters, auch wenn der bisher nie körperlich gewalttätig gegen den Jungen gewesen ist. Die Drohung und das unkontrollierte Verhalten reichen völlig aus, um Angst zu bekommen.
In so einer Situation kann man das Kind zunächst einmal bestätigen: «Ich merke, daß du viel Angst hast. Was können wir beide tun, damit du

dich besser fühlst?» Man sollte nie einem anderen, schon gar nicht einem Kind, seine Gefühle ausreden wollen. Gefühle reagieren nicht auf Argumente wie: «Du brauchst keine Angst zu haben» oder: «Es gibt keinen Grund dafür». Sie sind einfach da, und man sollte sich darüber freuen, daß Kinder sie einem mitteilen. Auch andere Erwachsene können helfen, Freunde der Familie, Verwandte, Lehrer und Lehrerinnen, alle, die mit Kindern und Jugendlichen zu tun haben: Als ich noch als Lehrerin arbeitete, hat Franziska mir hin und wieder kleine Texte in die Hand gedrückt. Da sie nicht über den Alkoholismus zu Hause sprechen wollte, hatte ich ihr angeboten, aufzuschreiben, was ihr in den Sinn käme. Sie hat anfangs kleine Szenen «erzählt», die sie später verdichtet aufschrieb.

▶ *«Ohne Stimme*
Allein sein, nicht wissen wohin
und zu wem man gehört,
auf sich gestellt
existieren
ganz allein
für sich.

Das tun, was erwartet wird,
nicht was ich selber möchte,
eine Maske, cool.

Angst beim Aufstehen, morgens
abends, beim Schlafengehen,
Angst
zu fühlen
Wände wie Scheiben
nur unsichtbar
zwischen mir und
der Realität.

Sprache für Verständnis?
Für Lieben oder Hassen?
Ich bin ohne
Stimme.»

«*Marionette*
An Fäden hängen
nicht du selbst sein
kontrolliert, registriert,
keine Chance auf Freiheit.
Nur Theater
Applaus?»
(Franziska, 16 Jahre) ◀

Später bekam Franziska Mut, ihre Texte anderen vorzulesen. Dann kam Nicole zu mir und wollte auch so schreiben. Sie ist ein weiteres Beispiel für die Kreativität, die in ungewöhnlich vielen Kindern aus Alkoholikerfamilien lebt. Sie müssen so oft in ihre Phantasie flüchten und sich da einrichten, um die Gegenwart zu Hause zu vergessen. Sie bekommen ein Überlebenstraining, das ihnen später das erwachsene Leben erschwert. Doch wenn man sie unterstützt, können ihre Fluchttechniken die Tür sein, durch die sie verdrängte Gefühle wieder leben lassen können. Hier ein Text von Nicole:

▶ «*Alles, was ich habe*
Die Stille hat mich umzingelt,
ich wiege mich im Stuhl
und lausche dem Wind,
der unter der Tür herpfeift.
Ein leises Summen bricht
die Stille
und eine Fliege setzt sich auf mein Bein.
Ich jag sie nicht davon,
sie ist alles, was ich habe.
Sie schaut mich an
und fliegt fort.
Ich bin wieder allein
und lausche dem Wind.»
(Nicole, 15 Jahre) ◀

Auch Dominiques Text deutet an, worunter sie leidet:

▶ «Als kleines Kind
hast du immer die Decke weggestrampelt,
damit deine Mutter dich zudeckt.
Meistens bemerkte sie es nicht.
So frorst du die ganze Nacht
mit der Hoffnung,
daß deine Mutter doch noch kommt
und dich zudeckt.»
(Dominique, 16 Jahre)   ◀

Keine dieser Jugendlichen erwähnt den Alkoholismus zu Hause, alle halten das Redetabu ein. Ihre Texte lassen mich frieren gerade durch die Kraft der einfachen Bilder. Diese Mädchen waren trotz ihrer Begabungen keine sogenannten guten Schülerinnen. Niemand hatte bis zu diesem Alter etwas von der Kreativität in ihnen entdeckt. Auch das zeigt, wie wenig Kinder aus Alkoholikerfamilien die Hilfe bekommen, die sie brauchen.

Es gibt einige Kinder, die aus Alkoholikerfamilien kommen und dieses Leben relativ unbeschadet überstanden haben. Aber es sind bis heute nur sehr wenige. Wenn Sie Ihren Kindern helfen wollen, dann müssen Sie sie über die Krankheit Alkoholismus informieren. Seien Sie wirklich ihre Mutter oder ihr Vater, und sprechen Sie mit ihnen über all die Dinge in der Familie, die die Kinder angehen. Respektieren Sie alle Gefühle Ihrer Kinder, damit diese sie zulassen und mitteilen können. Seien Sie emotional erreichbar für die Kinder, so daß sie in den Arm genommen und gehalten werden, wenn sie traurig oder verwirrt sind. Setzen Sie klare Grenzen, und respektieren Sie diese bei anderen. Gehen Sie ehrlich und verantwortungsvoll mit Ihren eigenen Gefühlen um. Wenn Sie das in die Tat umsetzen können, haben Ihre Kinder eine gute Chance, zu denen zu gehören, die mit wenig Verletzungen aus dem Familiendrama herauskommen. Denn nicht das Trockenwerden der alkoholkranken Person ist ausschlaggebend für das Leben ihrer Kinder. Das allein reicht nicht aus, um das kranke Familiensystem in eine neue, gesunde Balance zu bringen. Dazu müssen sich alle verändern und z. B. aufrichtig zueinander werden, Gefühle zulassen und Grenzen respektieren. Für die Kinder ist es wichtig, daß wenigstens eine Person sich verändert, sich aus dem Sog der Abhängigkeit befreit und nicht mehr Mit-Spielerin ist.

Im Rahmen dieses Buches sind die Ausführungen zum Thema «Kinder in Alkoholikerfamilien» in diesem einen Kapitel zusammengefaßt. Ausführlichere Beschreibungen, Informationen und Berichte von Kindern, Jugendlichen und erwachsenen Kindern von Alkoholikern habe ich in dem Buch «Familienkrankheit Alkoholismus» gesammelt. Ich stelle dort die Folgen für Kinder und für Erwachsene dar, die in einer Familie mit einem Alkoholiker aufgewachsen sind, und beschreibe, auf welche Art sie die Verletzungen aus ihrer Kindheit heilen lassen können. Da viele Ehefrauen und Partnerinnen von Alkoholikern einen alkoholkranken Elternteil hatten, wird manche Leserin schon in diesem Kapitel über Kinder in Alkoholiker-Familien sich selbst begegnet sein.

Holen Sie sich Unterstützung

Haben Sie sich beim Lesen manchmal gefragt: Wie soll ich das bloß alles schaffen? Ich bin doch sowieso schon überlastet. Wie kann ich jetzt noch mit etwas Neuem anfangen? Natürlich ist es klar, daß Sie den Alkoholiker nicht über Nacht loslassen, von heute auf morgen das Alkoholismuskarussell verlassen und Ihr Erste-Hilfe- und Mit-Spieler-Verhalten aufgeben können. Doch wenn Sie für sich selbst zu der Einsicht gekommen sind, daß es so wie bisher nicht weitergehen kann, dann können Sie immerhin mit ersten Schritten für eine Veränderung beginnen. Die kommenden Tage, Wochen und Monate werden sicher nicht einfach werden, und die anstehenden Umstellungen kosten ohne Zweifel Kraft. Aber gleichzeitig werden Sie schon sehr bald merken, wie Ihnen aus jedem Stückchen Leben, das Sie zurückgewinnen, neue Kraft zuwächst. Ganz wichtig ist dabei, daß Sie sich Hilfe und Unterstützung holen. Das ist für Mitbetroffene z. T. etwas schwieriger als für den Alkoholiker selbst.

Für Alkoholiker gibt es von den Krankenkassen bezahlte Therapiemaßnahmen. Sie können zur Entgiftung in Kliniken gehen; Suchtberater helfen ihnen beim Suchen nach einem Platz für eine Langzeittherapie. Damit bekommen Abhängige die Unterstützung, die sie am Anfang ihrer alkoholfreien Zeit brauchen.

Mitbetroffene haben in der Regel keine Chance, sich mehrere Wochen oder Monate ausruhen zu können. Sie müssen mit den Veränderungen beginnen, während zu Hause der Alltag genauso belastend abläuft wie bisher. Besonders Mütter und Väter sind durch die belastende Situation oft sehr erschöpft. Viele Kliniken beziehen die Angehörigen wenigstens für einige Tage in die Therapie mit ein. Wie in einem Crashkurs üben sie dort ein neues Verhalten ein, das den Alkoholiker nicht länger unwissentlich und unbewußt in seiner Sucht unterstützt. Aber nur wenige können so einen «Crashkurs» in den Kliniken mitmachen. Und selbst diese Möglichkeit der Hilfe und Beratung für Mitbetroffene reicht nicht aus, um ihnen über die drängenden Probleme hinwegzuhelfen. Sie müssen sich die nötige Unterstützung selber suchen. Auch wenn's schwerfällt, Sie müssen aktiv werden.

Die Suche nach einer Person und / oder Gruppe, die Sie in dieser schwierigen Situation verstehen und Ihnen helfen kann, ist Ihre Hauptaufgabe in der ersten Phase der Veränderung. Holen Sie sich Hilfe!

Beratungsstellen

Bei den örtlichen Suchtberatungsstellen finden nicht nur Alkoholiker, sondern auch Mitbetroffene Hilfe: Jeder kann dorthin gehen: Trinkende, ihre Partner und Partnerinnen, Freunde, Geschwister, Eltern, Arbeitskollegen, Vorgesetzte und erwachsene Kinder von Alkoholikern. Es gibt spezielle Beratungsstellen, z. B. nur für Alkoholiker oder für Spieler, und Suchtberatungsstellen, die einen bei jeder Form von Abhängigkeit beraten. Diese Beratungen sind grundsätzlich kostenlos und werden von der Kommune oder von kirchlichen Trägern angeboten. Telefonnummern und Adressen der Suchtberatungsstellen findet man in größeren Städten in den «Gelben Seiten» des örtlichen Telefonbuches unter «Soziale Dienste», eventuell unter «Psychiatrie, Psychologie, Psychotherapie» oder auch im normalen Telefonbuch unter den Namen der verschiedenen Kirchen.

Schaut man auf die Namen der Beratungsstellen, so scheinen sie sich nur an den Abhängigen zu wenden. Offenbar gibt es keine Beratungsstellen, die nur für Angehörige und Freunde von Süchtigen da sind. Die Geldgeber und Initiatoren stellen die abhängige Person in den Mittelpunkt. Doch die Sozialarbeiterinnen und Therapeuten sehen das nicht so: Sie beraten ebenso gern auch alle Mitbetroffenen.

Sie können anonym bei einer Beratungsstelle anrufen und sich einen Rat holen oder auch telefonisch einen Termin vereinbaren, bei dem die Sozialarbeiterin sich viel Zeit für Ihre speziellen Probleme nehmen kann. Ziel einer solchen Beratung ist es, die Mitbetroffenen darin zu unterstützen, über die eigene Situation mit etwas Abstand nachzudenken. Außerdem erhalten Sie Informationen zum Thema «Alkoholismus». Bei Entscheidungen, die möglicherweise anstehen, werden Sie darin unterstützt, an die eigenen Bedürfnisse und die Ihrer Kinder zu denken und nicht, wie bisher, alles nach dem Alkoholiker auszurichten. Wenn der Alkoholiker ebenfalls bereit ist, zu einer Beratungsstelle zu gehen, kann diese ihm einen Therapieplatz vermitteln. Die Kosten werden mit der Versicherung geklärt, man sucht gemeinsam mit ihm eine Klinik aus, und die Berater melden den Alkoholiker dort an.

Außerdem erhalten Mitbetroffene in den Beratungsstellen auch Adressen verschiedener Selbsthilfegruppen, die sie zu ihrer Unterstützung besuchen können.

Selbsthilfegruppen

▶ «Mich hat das Trinken meiner Frau sehr mitgenommen. Ich glaubte damals, daß ausgerechnet ich, sozusagen als einziger auf der Welt, mit einer Frau lebte, die trank. Gesellschaftlich gab es Probleme, und meine Verwandtschaft zog sich von uns zurück. Ich litt darunter, daß ich keine Zuwendung von ihr bekam, keine Wärme, keine Nähe. Von unserer früheren Gemeinschaft, auch mit den Kindern, war nichts mehr da. ‹Ach, laß mich doch in Ruhe›, hat sie immer gesagt.» (Fritz, 58 Jahre) ◀

Viele Mitbetroffene sind so isoliert wie Fritz damals. Scham hindert sie, mit einem anderen über das Trinken einer Angehörigen zu sprechen. Verwandte oder Freunde ziehen sich zurück. Doch gerade Menschen, die ähnliche Dramen erlebt haben, die die Ausweglosigkeit, in der man feststecken glaubt, aus eigener Erfahrung kennen, können verstehen, wie man sich fühlt. Bei ihnen kann man das Redetabu durchbrechen und endlich erzählen, was zu Hause und in der Beziehung tatsächlich los ist. Man hört auf, sich selbst und anderen etwas vorzumachen, weil alle ähnliches erlebt haben. Andere Menschen, die selbst erfolgreich vom Alkoholismus-Karussell heruntergestiegen sind, können einem Mut machen. Ihre Wärme, Gelassenheit und Lebensweisheit wirken ansteckend. Die Zufriedenheit, die sie ausstrahlen, möchte man auch erreichen. Natürlich trifft man in Selbsthilfegruppen auch auf Menschen, die noch genauso feststecken wie man selbst und die gerade die ersten Hürden genommen haben. Andere erzählen, wie sie immer wieder in ihr altes Verhalten zurückfallen und welche Folgen das für sie hat. Von allen kann man lernen und sich beraten lassen. Die Menschen in den Selbsthilfegruppen lehren einen, die Angelhaken der Alkoholiker zu erkennen. Sie demonstrieren an ihrem eigenen Beispiel, wie man um sie herumgeht. Sie spornen an weiterzumachen, wenn einem die eigene Entwicklung nicht schnell genug geht. «Fortschritt, nicht Perfektion» heißt ein Spruch der Anonymen Alkoholiker.

Jeder kann umlernen, aber ich persönlich glaube, daß das nicht allein geht. Ich selbst hätte auch lieber allein gelernt – nur mit einem Buch in der Hand –, wie ich anders denken und mich verhalten kann, wie ich mit der alkoholkranken Person umgehen soll. Genau wie den Alkoholismus wollte ich auch meine eigene Not und Ratlosigkeit verstecken und mir allein helfen. Zweifellos ist das Nachdenken über sich selbst ein guter Anfang. Wenn Sie sich z. B. durch dieses Buch informieren, hilft Ihnen das wahrzunehmen, daß Sie in Ihrer Situation feststecken. Will man nun aber auch anders handeln als in den vielen Jahren davor, dann reicht Wissen allein nicht aus. Man braucht die Begleitung und den Spiegel anderer, um sich langsam wiedererkennen zu können. Man braucht andere Menschen, um über das Erlebte zu sprechen und sich angenommen zu fühlen. Bisher hat man ja genau diesen Austausch mit anderen vermieden. Niemand sollte etwas von dem Schrecklichen und Peinlichen zu Hause wissen. Jetzt geht es genau anders herum: Sie werden Menschen finden, die Verständnis haben, die die Probleme und die Scham aus eigenem Erleben kennen. Bei ihnen lernen Sie, sich zu zeigen, zuzulassen, was Sie denken und fühlen, und Hilfe anzunehmen.

Es gibt viele Angebote von Gruppen für Alkoholiker und Angehörige oder Freunde. Adressen und Telefonnummern können Sie bei den Suchtberatungsstellen erfragen oder Ihrer örtlichen Tageszeitung – meist in einem Kasten «Psychosoziale Dienste» – entnehmen. Dort finden Sie meistens auch gleich die Angaben über Ort und Zeit des nächsten Treffens. Wenn es Ihnen leichter fällt, erst mal per Telefon Kontakt aufzunehmen, rufen Sie dort an. Seien Sie nicht zu enttäuscht, wenn Sie zunächst nur einen Anrufbeantworter erreichen; alle arbeiten ja ehrenamtlich, da können die Telefone nicht immer besetzt sein.

Unter dem großen Angebot der Selbsthilfegruppen können Sie eine auswählen, in der Sie sich wohl fühlen. Es gibt Gruppen für Alkoholiker, Gruppen für Paare (Alkoholiker und Mitbetroffene) und Gruppen nur für Mitbetroffene. Besuchen Sie ruhig verschiedene Gruppen, und probieren Sie aus, wo es Ihnen am besten gefällt. Sie können auch zu einem späteren Zeitpunkt die Gruppe wechseln oder an einer zusätzlichen Gruppe teilnehmen. Auf jeden Fall bekommen Sie dort die Unterstützung und Beratung, die Sie bei den nächsten Schritten Ihres neuen Weges begleitet.

Was kann ich dort erwarten?

Alle Teilnehmer von Selbsthilfegruppen sind Betroffene. Es arbeiten grundsätzlich keine Experten mit, und selbst diejenigen, die die Gruppe für eine Zeitlang leiten, sind «Laien». Nur die Tatsache, daß sie schon länger dabei sind und mehr Erfahrung haben, unterscheidet sie von den übrigen Teilnehmern. Alle verbindet das gemeinsame Problem des Alkoholismus. Sie stützen sich gegenseitig und tauschen Erfahrungen aus, um den Alltag auf «gesunde» Art bewältigen zu können und nicht mehr trinken zu müssen. Man kann dort seinen Kummer mit Menschen teilen, die einen verstehen.

Die Gruppen haben sich meistens über die Art und den Ablauf ihrer Treffen verständigt und sich feste Prinzipien gegeben. Zwei wichtige Regeln lauten:

1. Vertraulichkeit ist wichtig. Alles, was in der Gruppe erzählt wird, soll dort bleiben und nicht weitererzählt werden.

2. Jeder erzählt möglichst nur von sich. Spricht man über andere Personen, z.B. den Abhängigen oder andere Angehörige, so berichtet man hauptsächlich von den Auswirkungen, die deren Verhalten für einen selbst hat.

In allen Gruppen erhalten Sie Hinweise und Hilfen, wie Sie mit dem Alkoholiker und der häuslichen Situation umgehen können. Die Gruppen bieten vielfältige Informationen an; fast immer gibt es Broschüren, Zeitschriften, Bücher und Informationsabende, zu denen Spezialisten und Betroffene als Fachleute eingeladen werden. Der Ablauf der einzelnen Treffen ist unterschiedlich und kann mal mehr, mal weniger strukturiert sein. Mal steht ein Thema wie «Machtlosigkeit» oder «Kann ich Hilfe annehmen?» im Mittelpunkt, mal erzählt jeder in Form eines Rundgesprächs von sich.

Ganz wichtig ist, daß Sie einfach nur zuhören können und nichts zu sagen brauchen. Viele Mitbetroffene haben erst wieder «sprechen lernen» müssen. Ihr Selbstwertgefühl war so klein geworden, daß sie sich anfangs nicht trauten, in der Gruppe etwas zu sagen. Die alte Furcht, es nicht gut genug zu machen, nichts «Richtiges» zu sagen, kam wieder in ihnen hoch. Manchmal braucht man einige Wochen, bis man sich traut, «so zu reden, wie einem der Schnabel gewachsen ist».

Machen Sie sich klar, daß in den Gruppen ganz unterschiedliche Menschen sitzen. Das bedeutet, daß Sie auch dort auf Personen treffen können, die Sie nicht mögen. Manchmal werden auch Konflikte ausgetragen, die einige untereinander haben. Die Teilnehmer der Gruppen sind nicht perfekt, sie lernen ja dort, sich weiterzuentwickeln. Doch gerade diese Mischung, all die verschiedenen Schicksale geben einem Anstöße, durch die man sich weiterentwickelt. Wenn es Ihnen aber in einer Gruppe gar nicht gefällt, dann suchen Sie sich eine andere. Lassen Sie sich nicht von den menschlichen Schwächen, denen Sie in einer Gruppe begegnen, abhalten, Hilfe für Ihre Schwierigkeiten zu finden.

Fritz faßt seine Erfahrungen mit Selbsthilfegruppen zusammen:

▶ «Es liegt an der Tagesform der Menschen, wie man aufgenommen wird. Trösten sie mich, oder drücken sie mir nur ein paar Broschüren in die Hand und sagen: Nun sieh mal zu! Das hat mit den Menschen zu tun, die sich an diesem Abend zusammengefunden haben, und kann in der nächsten Woche schon wieder ganz anders sein. Die sind vielleicht besser drauf, versacken gerade nicht so in ihren eigenen Problemen: Tagesform! Deswegen sollte man wenigstens einige Male in eine Gruppe gehen.» (Fritz, 58 Jahre) ◀

Anonyme Alkoholiker und Al-Anon

Die bekanntesten Selbsthilfegruppen im deutschen Sprachraum sind die *Anonymen Alkoholiker* (AA) und die Gruppen für Angehörige, die in Anlehnung an den Namen «*Anonyme Alkoholiker*» *Al-Anon* genannt werden. An ihnen orientieren sich inzwischen auch viele Nachfolgegruppen, wie z. B. *al-ateen* für Jugendliche (ab 12 Jahre) aus Alkoholikerfamilien und *EKA – Erwachsene Kinder von Alkoholikern* oder *GA-Anonyme Spielsüchtige*.

Auch wenn fast jeder AA oder Al-Anon kennt, wissen die wenigsten etwas über das Suchthilfeprogramm, das dort angeboten wird. Denn diese Gruppen werben nicht in der Öffentlichkeit für ihre Arbeit, sondern vertrauen auf ihre Anziehungskraft und «Mundpropaganda» durch Betroffene. Da sie das weltweit erfolgreichste Konzept in der Suchthilfe anbieten, will ich ihre Arbeit kurz darstellen.

Alle Gruppen in der Tradition von AA sind sogenannte *Zwölf-Schritte-Gruppen*, d. h., sie arbeiten nach einem Zwölf-Schritte-Programm, mit dessen Hilfe man lernen kann, ohne Suchtmittel zufrieden und glücklich zu leben, Verbitterung und Groll hinter sich zu lassen.

Dieses Programm wurde zum ersten Mal in dem Buch «Alcoholics Anonymous» Ende der 30er Jahre in den USA veröffentlicht. Herausgeber waren die Anonymen Alkoholiker, wie sie sich nach dem Titel ihres Buches anschließend nannten. Einer ihrer Gründer, Bill W. ein Alkoholiker, war ursprünglich Mitglied der christlichen Oxfordgruppen, die sich allerdings nur um Alkoholiker der Oberschicht kümmerten. Mit ihrer Hilfe war er trocken geworden. Er übernahm ihr «Programm» und fügte wichtige Hinweise eines Arztes sowie Erfahrungen hinzu, die er, das andere AA-Gründungsmitglied Bob und die ersten ca. 100 Alkoholiker, die trocken geworden waren mit eingebracht hatten. In unzähligen «Redaktionskonferenzen», an denen die meisten der damaligen Anonymen Alkoholiker beteiligt waren, wurde das Manuskript solange überarbeitet, bis es für die Beteiligten wörtlich stimmte. Damit ist das Buch zugleich Anleitung und Dokumentation der erfolgreichen Arbeit der ersten amerikanischen AA. Vor dem Hintergrund ihrer sensationellen Erfolge schildern sie, was ihnen geholfen hat, trocken zu werden und zu bleiben.

Auch in der deutschen Übersetzung unter dem Titel «Anonyme Alkoholiker» können Sie noch heute das unveränderte Konzept von AA nachlesen. (Im Anhang finden Sie Hinweise, wo Sie das Buch beziehen können.)

Die Grundsätze dieses Buches sind in den 12 Schritten zusammengefaßt. Mit Hilfe dieser «Schritte», bei denen man von der Gruppe und einem erfahrenen Mitglied begleitet wird, lernt man mit der Zeit einen neuen «Lebensweg», auf dem man die Probleme des Alltags klärt und mit den Menschen aufrichtiger umgeht. Den Anfang macht ein Süchtiger oder ein Mitbetroffener, indem er als erstes anerkennt, daß er gegenüber seiner Sucht oder seinen Versuchen, andere zu retten, machtlos ist. Das tut er, indem er seinem Zustand einen Namen gibt. Die amerikanische Suchtberaterin Anne Wilson Schaef formuliert das heute so:

▶ «Das Benennen der Realität ist ganz wesentlich für die Genesung, sonst haben wir nicht die Freiheit, uns für Genesung zu entscheiden... Haben wir uns zu etwas bekannt, dann gehört es uns, genauso wie die Kraft, die wir darauf verwendet haben. Gewinnen wir dann unsere persönliche Macht zurück, können wir unsere Genesung in Angriff nehmen. Es klingt paradox, und doch läßt sich unsere persönliche Kraft einzig und allein zurückgewinnen, indem wir unsere Machtlosigkeit eingestehen... Das Eingeständnis der Machtlosigkeit gegenüber einer

Sucht ist keineswegs gleichzusetzen mit dem Eingeständnis, wir seien als Person machtlos.»[30]   ◄

Die Teilnehmer von AA und Al-Anon treffen sich zu regelmäßigen Zusammenkünften, die *Meetings* genannt werden. Im Verlauf dieser Meetingbesuche lernt man, sich seine Fehler, Schwächen und Stärken genau anzuschauen. Die Last der Vergangenheit kann man mit jemandem, dem man vertraut, teilen und sich aussprechen. Dazu wählt man sich eine Person aus dem Meeting oder eine andere Person, die zur Verschwiegenheit verpflichtet ist. Dies ist der Beginn, sich und andere realistisch anzuschauen, nichts mehr zu beschönigen, aber auch nichts zu dramatisieren. In den Menschen, die mit Süchtigen leben oder abhängig sind, steckt viel Zorn und Bitterkeit. Will man nicht mehr von diesen Gefühlen beherrscht werden, muß man den eigenen Anteil daran, so verborgen er auch sein mag, sehen. Anhand der Beispiele anderer verändert sich die eigene Sichtweise. Ein Mann erzählte mir:

«Ich habe mich oft darüber beklagt, daß wir gar kein vernünftiges Familienleben mehr hatten, daß die Kinder so sehr unter dem Trinken meiner Frau litten. Das stimmte auch, und dennoch mußte ich mich fragen: Hab nicht auch ich die Kinder vernachlässigt, weil ich mich gedanklich nur noch um meine trinkende Frau gekümmert habe? Was ist mein Anteil daran?»

Ziel ist es, die Verantwortung für das, was man tut und getan hat, wieder selbst zu übernehmen. Dazu gehört auch, sich bei Menschen, die man geschädigt oder verletzt hat, zu entschuldigen, Dinge wiedergutzumachen und Angehörige in Zukunft anders zu behandeln. Wichtig sind Fragen wie: Wobei war ich heute selbstbezogen, wem gegenüber war ich voll Zorn oder Ärger, war ich unehrlich, und wovor hatte ich Angst? Man fragt sich aber auch: Wofür bin ich dankbar, was war heute schön für mich?

Dies sind einige der «Schritte», zu denen man in den 12 Schritte Gruppen ermutigt wird.

Bei AA und Al-Anon gibt es aber auch ein Element, das manche davon abgehalten hat, diese Gruppen zu besuchen. Es zeigt sich in Begriffen wie «Eine Kraft, größer als wir selbst» und «Gott, wie wir ihn verstehen».

Damit enthalten die 12 Schritte ein spirituelles Element, das von Anfang an eine wesentliche Rolle bei der Genesung von Suchtkranken und Mitbetroffenen spielte.

Schon ganz zu Beginn erhielten die ersten Gruppen bei ihrem spirituellem Weg Unterstützung von C. G. Jung. Belegt ist dies durch einen Briefwechsel, den eine der Gründer, Bill W., mit dem Psychoanalytiker führte. Darin schildert Jung den Fall eines Amerikaners, den er wegen seiner Alkoholsucht behandelte. Als sich dieser geheilt fühlte, kehrte er in die USA zurück, trank dort aber schon nach kurzer Zeit schlimmer als je zuvor. In Panik reiste er wieder zu Jung und bat diesen um Hilfe. Jung sagte seinem Patienten, daß sein Zustand hoffnungslos sei, sofern er an medizinische oder psychiatrische Behandlung dächte. Er erzählte ihm zugleich von seltenen Fällen, in denen Süchtige durch eine religiöse oder spirituelle Erfahrung die Kraft gefunden hätten, mit dem Trinken aufzuhören. Er riet ihm, es auf diesem Wege zu versuchen. Der Mann kehrte zurück in die USA, wandte sich an die schon erwähnten christlichen Oxfordgruppen und wurde trocken.

Jung nannte in seinem Brief an Bill W. das Verlangen nach Alkohol «einen Ausgleich für den spirituellen Durst unseres Seins nach Ganzheit, ausgedrückt in der Sprache des Mittelalters: nach der Vereinigung mit Gott... *spiritus contra spiritum*»[31].

Die Hinwendung zum Spirituellen hat gute Gründe: Sie ermöglicht eine Haltung, die akzeptieren kann, daß wir nicht alles unter Kontrolle haben, nicht alles *schaffen* und *machen* können. Eine Kraft anzuerkennen, die größer ist als wir selbst, heißt, sich dem Leben zu öffnen, der Weisheit, die in einem ruht, der inneren Stimme, die man durch den hektischen und dramatischen Alltag in einer Alkoholikerfamilie oft gar nicht mehr hören kann. Es kann auch bedeuten, an einen Gott zu glauben. Doch dieser Gottesglaube ist etwas Privates.

AA ist mit keiner Konfession, Religion oder Sekte verbunden und lehnt jede Streitfrage über religiöse Inhalte ab. Die Gruppen sind offen für alle möglichen individuellen Glaubensinhalte. Man muß nicht einmal ein Glaubensgefühl mitbringen. Es reicht die Bereitschaft, nicht mehr selbst die allwissende Person sein zu wollen, damit Veränderungen möglich werden.

Etwa 50 Prozent der ersten AA waren Atheisten. Doch auch sie haben erfahren, daß die Entscheidung, diese Kraft zuzulassen, ihr Leben verändert hat. Darum haben sie dieses spirituelle Konzept in den «Zwölf Schritten» verankert. Fachleute, die sich intensiv mit den meist mageren Ergebnissen der Suchtbehandlung auseinandergesetzt haben, kommen überall auf der Welt zu dem Ergebnis, daß die dauernde Genesung von einer Sucht am nachhaltigsten durch die «Bindung an das Transzendentale» erreicht wird.[32]

Also lassen Sie sich durch dieses spirituelle Prinzip keinesfalls davon abhalten, eine AA- oder Al-Anon-Gruppe zu besuchen. Sie werden dort genug Raum und Toleranz für Ihr persönliches Bild vom Leben finden.

Andere Gruppen

Neben den bekannten Gruppen von AA und Al-Anon gibt es noch eine Reihe weiterer Selbsthilfeorganisationen.

Wenn Sie an einer christlich orientierten Suchthilfe und -beratung interessiert sind, können Sie sich an kirchliche Gruppen wenden. Im Dachverband der *Evangelischen Landesarbeitsgemeinschaft in der Suchtarbeit* (ELAS) sind zahlreiche Gruppen zusammengeschlossen. Sie pflegen neben den Gesprächsabenden auch gemeinsame Unternehmungen, wie man sie sonst in Vereinen findet.

Bei der Organisation der ELAS-Gruppen können Sie auch Adressen und Telefonnummern der *Freundeskreise von Alkoholikern* erfragen. Diese «Freundeskreise» bieten Selbsthilfegruppen für trockene Alkoholiker und ihre Partner an. Sie wurden von Menschen gegründet, die sich nach einer Therapie oder einem Klinikaufenthalt zusammengeschlossen haben.

Dort sind Paare gut aufgehoben, die gerne an Vereinsaktivitäten teilnehmen. Gemeinschaftsveranstaltungen wie Ausflüge, Tanzabende oder andere Freizeitbeschäftigungen haben einen hohen Stellenwert. Da die Mitglieder dieser Gruppen sich zu alkoholfreiem Leben verpflichten, bieten sie Freizeitangebote in einer alkoholfreien Zone an.

Das *Blaue Kreuz* (evangelische Kirche) und der *Kreuzbund* (katholische Kirche) sind Selbsthilfeorganisationen, die den christlichen Glauben in den Mittelpunkt ihrer Arbeit stellen.

In der katholischen Kirche wurde die Praxis der «Inneren Heilung» entwickelt. Dabei geht es um einen «Akt der Übergabe der persönlichen Lebensgeschichte an den Schöpfer» und um Gebete, in denen um Heilung der Erinnerungen und Erwartungen gebeten wird. In ihnen wird alles Gute, alles Schwache, alles Scheitern, alle Trauer, aller Groll dem

Schöpfer übergeben. Dadurch wird Verzeihen möglich, auch sich selbst gegenüber.[33]

Die Arbeit des Blauen Kreuzes steht unter dem Motto «Christen helfen Suchtkranken». Auch dort ist die christliche Botschaft wichtiger Bestandteil der Genesungsarbeit von Alkoholikern. Jede Gruppensitzung beginnt und endet mit einem Gebet und umfaßt eine Andacht, in der ein Bibelspruch vorgelesen, ausgelegt und kommentiert wird. Ansonsten läuft die Arbeit nach dem Vorbild anderer Selbsthilfegruppen: Im Mittelpunkt stehen die aktuellen Probleme der (Mit-)Betroffenen oder Themen, die für alle wichtig sind. Darüber hinaus gibt es gemeinsame Ausflüge und Sportaktivitäten, aber auch Vorträge und Meditationsabende. Das Blaue Kreuz bietet auch Fachberatung und suchtrelevante Information an, Vermittlung von stationären Therapien, fachlich-geistliche Literatur zur Lebensbewältigung, seelsorgerische Beratung, Genesung und Erholung durch «Besinnungswochen», Wanderangebote und Schulungen.

Der *Guttemplerorden* hat sich zur Alkoholabstinenz verpflichtet. Das gilt auch für die Mitbetroffenen. Diese Selbsthilfeorganisation gliedert sich nach Orden und Logen, bietet aber Gesprächsgruppen für alle (trockenen) Alkoholiker und Mitbetroffene an. Nach etwa ein bis zwei Jahren sollte man schriftlich beitreten. Es gibt keine Bindung an den christlichen Glauben. Die Guttempler bieten auch kein spirituelles Konzept an. Die Gesprächsgruppen, an denen Alkoholiker/innen und Mitbetroffene gemeinsam teilnehmen, werden von einem Mitglied des Guttemplerordens geleitet, das sich auf dem Gebiet der Sucht fortgebildet hat. Er oder sie leitet diese Gruppe meist über viele Jahre und ist selbst Alkoholiker/in. Wenn man zu den Gesprächskreisen geht, kann man auch an Vorträgen und Kursen teilnehmen, die der Persönlichkeitsentwicklung des einzelnen dienen. Die Gemeinschaft des Ordens ist ein wichtiger Beitrag, um den Alkoholiker zu stabilisieren.

Beim Besuch der verschiedenen Gruppen fiel mir eine Gemeinsamkeit auf. Alle Gruppen haben mehr im Sinn als «Trockenheit». In allen Gruppen hat man aus Erfahrung gelernt, daß der Entzug nicht ausreicht, damit ein Alkoholiker auf Dauer nüchtern bleibt. Alkoholabstinenz allein bringt die Beziehungen zur Familie und zu anderen Menschen noch nicht wieder in Ordnung. Die einzelnen Gruppen bieten daher alle mehr an als nur Beratung und gegenseitige, ggf. professionelle Unterstützung.

Wie beschrieben, kann die Gemeinschaft vielen Menschen helfen, ohne Alkohol zu leben. Sie unterstützt auch bei den heftigen Partnerschaftsproblemen, die besonders dann auftauchen, wenn der Partner trocken wird. Denn der Alkohol dämpft dann nicht mehr die Wahrnehmung und bestimmt nicht länger die Beziehung: Zwei Menschen lernen sich ohne «Stoff» neu kennen – ein schwieriger Prozeß! Die anderen Gruppenmitglieder stehen einem bei, wenn die Spannungen zwischen Angehörigen zu groß werden. Sie haben ähnliches durchgestanden. Darum haben Gemeinschaften so großen Erfolg, Menschen in ihrer Nüchternheit zu unterstützen. Diese «Heilungserfolge» geben uns vielleicht sogar Hinweise, was uns in unserer Gesellschaft fehlt. Sucht zeigt uns möglicherweise, wie krank unsere Gesellschaft schon ist: Wir isolieren uns immer mehr, kleine Gemeinschaften zerfallen, unser Leben wird immer unüberschaubarer. Wir glauben an Kontrolle und an Wachstum. Wir wollen wissen, was richtig ist, recht haben und daran festhalten, um Unsicherheit und Angst zu entgehen. Und das funktioniert nicht!

Uns fehlen Gemeinschaft, aufrichtige Freundschaften, Hilfe, ohne Gegenleistung zu erwarten, und Ehrlichkeit. Doch all das können Alkoholiker und ihre Angehörigen wieder entdecken, wenn sie sich auf den langen und schwierigen, aber hoffnungsvollen Weg machen.

«Ich verändere mich» –
Der Anfang

Als Mitbetroffener fühlt man sich in seinem Leben mit dem Alkoholiker wie in einem unendlichen Kreislauf eingesperrt. Man ist scheinbar der Situation total ausgeliefert. Jederzeit kann ein Drama ausbrechen, jederzeit muß man gewappnet sein. Hätte jemand einem vor Jahren gesagt, daß man solch ein Leben aushalten und nichts daran ändern würde, man hätte wütend widersprochen. Und heute? Man läßt sich Verhaltensweisen gefallen, die unglaublich sind, man läßt sich beschimpfen und belügen. Man verhält sich selbst oft auch nicht besser und fühlt sich immer wieder schuldig, weil man die alkoholkranke Person nur noch verachten und keine Liebe mehr für sie fühlen kann. Alles, was das Leben schön, erfüllend und frei machte, wird immer mehr eingeengt. Man hat kaum noch engen Kontakt zu Freundinnen und Freunden und fühlt sich isoliert. Ehrlichkeit hat man schon lange als unnützen Luxus abgelegt, eine vertrauensvolle Beziehung zu der abhängigen Person ist nicht in Sicht. Man merkt, daß die Kinder nicht das bekommen, was sie brauchen. Man fühlt sich heimlich als Versagerin. Man schämt sich für Schamlosigkeiten des anderen, gerät immer wieder in gefährliche Situationen und regt sich tagtäglich auf. Man fällt auf Drohungen und Schuldzuweisungen des Abhängigen herein und kämpft immer auf verlorenem Posten. Was für ein Leben! Das alles sind Folgen der Familienkrankheit Alkoholismus und Zeichen von «Co-Abhängigkeit». Normalerweise wäre niemand bereit, auf diese Art weiterzuleben.

Spätestens dann, wenn sie merken, daß ihnen die Kraft ausgeht, dieses Leben noch länger durchzustehen, suchen auch Mitbetroffene nach Auswegen. Doch wenn sie beginnen, sich mit Unterstützung anderer zu verändern, weil sie leben und nicht nur überleben wollen, weil sie für sich und ihre Kinder wieder Freude und innere Ruhe finden wollen, dann kommen am Anfang merkwürdige gemischte Gefühle hoch. Jedes «Nein», das man zu anderen sagt, denen man bisher eigentlich alles erlaubt hatte; jedes «Ich bin auch da», das man sich zuflüstert; jeden Raum, den man sich nimmt; jede Zeit, die man für sich allein reserviert; jede Grenze, die anderen die Möglichkeit nimmt, einen zu verletzen, macht wider Erwarten angst, verursacht sogar ein schlechtes Gewissen und Schuldgefühle. Man glaubt selbstsüchtig zu sein, obwohl man sich doch nur um sein eigenes Wohlergehen kümmert. Man fürchtet, für kalt gehalten zu werden, nur weil man endlich anderen Grenzen setzt. Man glaubt, Zuneigung und Liebe könnten einem entzogen werden; man fürchtet, das Kind, den Partner, die Schwester, Vater oder Mutter zu verlieren, nur weil man deren Bedürfnisse nicht mehr über die eigenen stellt. All diese Ängste und Befürchtungen können schnell in eine Art Panik münden, in der man alles wieder so wie früher machen möchte – nur um diese quälenden und irritierenden Gefühle loszuwerden.

Wenn Sie diese Gefühle kennen oder bei dem Versuch, Ihr Verhalten zu ändern, in solche Panik verfallen, dann machen Sie sich klar: Dies ist die *Entzugsphase der Mitbetroffenen!* Genau wie der Alkoholiker einen Entzug durchmachen muß, wenn er seinen Körper daran gewöhnt, auf den Stoff zu verzichten, so muß auch die Mitbetroffene sich erst mit der veränderten Situation und ihrem neuen Verhalten vertraut machen. Darum ist es vollkommen selbstverständlich, widerstreitende Gefühle zu erleben. Niemand kann das neue Verhalten sofort vollständig in die Tat umsetzen. Gestehen Sie sich selbst die Zeit zu, die Sie brauchen, um sich von Ihrem gewohnten Mit-Spieler-Verhalten zu trennen. Üben Sie Tag für Tag, die in den vorangegangenen Kapiteln beschriebene neue Haltung zur Alkoholabhängigkeit Ihres Partners in Ihr alltägliches Verhalten zu übernehmen. Stehen Sie den Entzug von krankmachendem Denken und Verhalten ganz bewußt durch, und lernen Sie loszulassen, den Mund zu halten und sich auf Ihre Kinder und Ihr eigenes Leben zu konzentrieren. An manchen Tagen geht das leichter, und man glaubt «alles im Griff» zu haben. Dahinter lauert noch die alte Vorstellung der Kontrolle. Gerade dann passiert in der Regel etwas, das einen die eigene Machtlosigkeit gegenüber dem Alkoholismus wieder spüren läßt. Besinnen Sie sich dann auf die Grundlagen Ihrer neuen Einstellung: Ich kann nur mich ändern. Ich habe keine Schuld an seinem Trinken, die Folgen muß er selbst tragen. Ich darf es mir so gut gehen lassen wie nur eben möglich. Das alles beachte ich immer nur für diesen einen Tag. Nur für heute!

Erfahrungen vieler Mitbetroffener, die diesen Weg gegangen sind, zeigen: Immer wenn es einem schlecht geht, übernimmt reflexartig das alte Verhaltensmuster die Regie. Sofort ist man wieder in den falschen Mustern verstrickt: in der Kontrolle, dem Lügen und Verbergen, im zwanghaft kreisenden Denken, in Entweder-oder-Lösungen oder in Tätigkeiten, die einen von den eigenen Gefühlen fernhalten. Diese Art von Rückfall wird Ihnen häufiger passieren. Nach einiger Zeit werden Sie ihn gleich zu Beginn entlarven können und sich sagen: Heute falle ich nicht darauf herein! Ich kümmere mich erst mal um meine Bedürfnisse und um meine Aufgaben, damit ich Kraft habe, innerlich Abstand von dem Alkoholiker halten zu können. Nur dann kann ich es schaffen, ihn seine Dinge selbst machen zu lassen.

Geben Sie sich Zeit, und üben Sie jeden Tag aufs neue. Sie werden sehen, wie die kleinen Erfolge wachsen und Sie stärken werden – Stück für Stück.

Im letzten Jahr habe ich an Gewicht zugenommen. Seit einer Woche habe ich die Absicht, etwas abzunehmen. Heute morgen bin ich erwartungsvoll auf die Waage gestiegen, die digitale Anzeige leuchtete auf: Ich hatte nichts abgenommen! Da mußte ich über mich lachen. Natürlich hatte ich nicht abgenommen, denn schließlich hatte ich überhaupt nichts an meinem Eßgewohnheiten verändert. Irgendwie hatte ich dennoch gehofft abzunehmen – wenigstens etwas. Offensichtlich glaubte ich, Wünschen würde ausreichen. Wie ein Kind, das an Magie glaubt!

Glauben und Tun sind wie Samen und Erde, die erst zusammen Wachstum möglich machen. Sie dürfen hoffen und wünschen, aber Sie müssen auch etwas dafür tun, jeden Tag einen kleinen Schritt weitergehen. Die Regelmäßigkeit ist wie Regen und Sonne und wird den Samen wachsen lassen. Am Anfang stand der Wunsch, einen anderen zu verändern, doch hoffentlich hat er sich in den Wunsch verwandelt, für sich selbst etwas zu verändern. Veränderungen geschehen, wenn Sie Tag für Tag, Woche für Woche ein paar Hinweise beachten und danach handeln:

- Keine Krise produzieren – keine Manipulation mehr
- Keine Krise verhindern – ihn nicht mehr vor den Folgen schützen
- Sich Hilfe holen – es nicht allein schaffen wollen
- Immer wieder zur Gruppe gehen – nicht aufgeben

Geben Sie sich nicht auf. Dann hat auch der alkoholabhängige Partner eine größere Chance. Und wenn Sie einmal mutlos sind, halten Sie inne, besinnen Sie sich – und vielleicht schauen Sie auf den «Merkzettel», den Sie im Anhang finden. Diese Sätze werden Ihnen helfen, Ihr Ziel im Auge zu behalten.

Anhang

Merkzettel

1. Alkoholismus ist eine Krankheit. Das bedeutet: Sie sind nicht verantwortlich für das, was die alkoholkranke Person macht oder unterläßt, und Sie haben keine Schuld an ihrem Trinken.

2. Kümmern Sie sich mit aller Kraft um sich selbst. Rücken Sie die alkoholkranke Person aus dem Zentrum Ihres Denkens. Sorgen Sie gut für sich, essen Sie regelmäßig, machen Sie Sport, fangen Sie ein Hobby an. Auch wenn es schwerfällt, bringen Sie sich auf andere Gedanken. Leben Sie Ihr eigenes Leben, so unabhängig von dem trinkenden Alkoholiker wie eben möglich.

3. In einer Krise tut man am besten genau die Dinge, die man auch erledigen müßte, wenn es keine Krise gäbe. Kümmern Sie sich «nur» um all die Dinge Ihres Alltags, die zu Ihren Aufgaben gehören. Wenn Sie Kinder haben, seien Sie wieder ihre Mutter oder ihr Vater. Nehmen Sie sich bewußt Zeit für sie.

4. Machen Sie anfangs die Suche nach einer guten Unterstützung zur Hauptsache in Ihrem Leben. Gehen Sie zu Selbsthilfegruppen, probieren Sie unterschiedliche aus. Geben Sie sich selbst das Versprechen, wenigstens sechsmal hinzugehen.

5. Im Umgang mit der trinkenden Person sollten Sie folgendes beachten:

- Bleiben Sie ruhig, wenn er oder sie betrunken nach Hause kommt.
- Bleiben Sie freundlich, egal, was er oder sie sagt. Notfalls gehen Sie aus dem Zimmer. Schweigen Sie, oder geben Sie nur kurze Antworten.
- Lassen Sie ihn oder sie trinken, um so eher wird die alkoholkranke Person den notwendigen Tiefpunkt erreichen.
- Sprechen Sie mit dem Alkoholiker nur dann über sein Trinken, wenn er nüchtern ist. Geben Sie ihm Artikel über Alkoholismus sowie Adressen und Zeiten der Treffen von verschiedenen Gruppen für Alkoholiker. Legen Sie die Öffnungszeiten der Suchtbera-

tungsstellen oder eines Arztes, der sich mit Alkoholismus aus-
kennt, dazu. Wiederholen Sie dies von Zeit zu Zeit, und überlassen
Sie es dem Alkoholiker oder der Alkoholikerin, selbst aktiv zu werden. Er oder sie ist selbst verantwortlich für sich. Genesung von der
Sucht ist nur möglich, wenn die alkoholkranke Person die Verantwortung für sich selbst übernimmt. Halten Sie Ihre Hände aus
ihren Angelegenheiten, auch wenn es noch so schwerfällt!

- Setzen Sie ihn oder sie nur dann unter Druck, wenn Sie es auch
durchhalten.

6. Hören Sie auf, anderen gegenüber das Alkoholproblem zu vertuschen: Sagen Sie beim Arbeitgeber die Wahrheit, wenn er oder sie
wegen des Trinkens nicht zur Arbeit gehen kann. Reden Sie offen
mit Freunden über den Alkoholismus. Vermeiden Sie aber, Verwandte von der Abhängigkeit des Alkoholikers überzeugen zu wollen. Alkoholismus ist eine Familienkrankheit, und andere Familienmitglieder wollen oder können eventuell die Wirklichkeit noch nicht
sehen.

7. Packen Sie eine Nottasche (mit Geld, Sachen, Adressen, Telefonnummern), falls Sie einen unter Alkoholeinfluß gewalttätigen Partner, Sohn oder Vater haben. Gehen Sie bei Gefahr einfach weg, ohne
es vorher anzukündigen.

8. Finden Sie Ihre «innere Stimme», wie immer Sie diese sonst noch
bezeichnen möchten: mein höheres Selbst, meine höhere Kraft, die
Energie des Universums, das Gute in uns allen, die Natur, die innere
Einheit, Gott. Lernen Sie, um die richtigen Gedanken zu bitten und
um die Kraft, diese umzusetzen. Sie sind nicht die Person, die alles
können muß. Niemand muß das. Lassen Sie sich helfen.

Dies sind gesunde Gedanken

Suchen Sie sich einen aus, und schauen Sie nach, inwieweit er auch
für Sie gilt, ob Sie ihm zustimmen können. Überlegen Sie, welche
Unterstützung Sie sich holen können, damit dieser Gedanke in Ihnen
wachsen kann:

Ich habe das Recht, an mich zu denken und etwas für mich zu tun.
Ich darf mich wohl fühlen, wenn ich gut für mich sorge.
Ich darf mir Zeit für mich nehmen.

Ich darf meine Wünsche und Bedürfnisse fühlen und sie an die erste Stelle setzen.

Was die alkoholkranke Person sagt und meint, ist vor allem eine Aussage über sie selbst und ihre Einstellungen. Ich brauche nicht zuzulassen, davon verletzt zu werden.

Ich brauche nicht mehr mit allem allein klarzukommen. Es ist ein Zeichen von Gesundheit, wenn ich mir Unterstützung hole.

Ich darf über den Alkoholismus in unserer Familie reden.

Ich darf mir bei Entscheidungen Zeit lassen und sagen, daß ich noch nicht weiß, was richtig ist.

Ich habe das Recht, meine Kinder zu schützen und alles für ihr Wohl zu tun.

Ich habe das Recht, mich selbst zu schützen.

Ich darf langsam lernen und Fehler machen, alle Menschen machen Fehler. Ich bin in Ordnung.

Beratungsstellen und Gruppen

In *Deutschland* finden Sie Hilfe bei folgenden Anlaufstellen.
Die *lokalen* Adressen und Telefonnummern der aufgeführten Gruppen, Vereine und Institutionen stehen entweder im örtlichen Telefonbuch, oder man wendet sich an die zentralen Anlaufstellen und Dienstbüros.

Al-Anon Familiengruppen
Selbsthilfegruppen für Angehörige und Freunde von Alkoholikern

Alateen
Selbsthilfegruppen für jugendliche Angehörige von Alkoholikern
EKA
Selbsthilfegruppen für Erwachsene Kinder von Alkoholikern
45128 Essen, Emilienstraße 4
Tel.: 02 01 / 77 30 07
Fax: 02 01 / 77 30 08
eMail: al-anon.zdb@t-online.de
Internet: http://www.al-anon.de

Anonyme Alkoholiker (AA)
Interessengemeinschaft e.V.
80910 München, Postfach 460227
Tel.: 0 89 / 3 16 95 00
Fax: 0 89 / 3 16 51 00
eMail: Kontakt@anonyme-alkoholiker.de
Internnet: http://www.anonyme-Alkoholiker.de

Blaues Kreuz in Deutschland e.V. (BKD)
42289 Wuppertal, Freiligrathstraße 27
Tel.: 02 02 / 6 20 03-81
Fax: 02 02 / 6 20 03-81
eMail: bkd@blaues-kreuz.de
Internet: http://www.blaues-kreuz.de

Bundesverband der Elternkreise drogengefährdeter
und drogenabhängiger Jugendlicher e.V. (BVEK)
10963 Berlin, Köthener Straße 38
Tel.: 0 30 / 55 67 02-0
Fax: 0 30 / 55 67 02-1
eMail: bvek@snafu.de
Internet: http://www.home.snafu.de/bvek

Deutscher Guttempler Orden e.V. (L.O.G.T.)
20097 Hamburg, Adenaueralle 45
Tel.: 0 40 / 24 58 80
Fax: 0 40 / 24 14 30
eMail: guttempler@t-online.de
Internet: http://www.guttempler.de

Freundeskreise für Suchtkrankenhilfe, Bundesverband e.V.
34117 Kassel, Kurt-Schumacher-Straße 2
Tel.: 05 61 / 78 04 13
Fax: 05 61 / 71 12 82
eMail: mail@freundeskreise-sucht.de
Internet: http:/www.freundeskreise-sucht.de

Kreuzbund e.V.
Selbsthilfe -und Helfergemeinschaft für Suchtkranke
und deren Angehörige
59065 Hamm, Münsterstraße 25
Tel.. 0 23 81 / 6 72 72-0
Fax: 0 23 81 / 6 72 72-33
eMail: inof@kreuzbund.de
Internet: http://www.kreuzbund.de

Hilfe und Unterstützung bei anderen Anlaufstellen:

Sucht -und Drogenberatungsstellen
Hier werden Abhängige, Angehörige und Freunde beraten,
siehe örtliches Telefonbuch

Elternkreise für drogenabhängige Jugendliche (das schließt natürlich die alkoholabhängigen mit ein) finden Sie im örtlichen Telefonbuch in den «Gelben Seiten». Meist ist vorne ein Journal. Dort sind unter dem Stichwort Beratung, Selbsthilfegruppen die Telefonnummern verzeichnet.

Psycho-sozialer Beratungsdienst (kommunal und kirchlich),
siehe örtliches Telefonbuch

Schuldenberatung
siehe örtliches Telefonbuch.
Achtung: Kommunale Angebote sind kostenlos
In den «Gelben Seiten» finden Sie vorne im Journal das Stichwort Behörden, über deren Inhaltsverzeichnis kommen Sie zur Seite der Schuldnerberatung.

Frauenhäuser, Kinderschutzbund, Jugendamt,
Mädchenhäuser, pro familia
siehe örtliches Telefonbuch

In *Österreich* wendet man sich am besten an die Al-Anon-Gruppen, die in den letzten Jahren etwas zahlreicher geworden sind.
Al-Anon Familiengruppen, zentrale Kontaktstelle, Postfach 81175, A-6600 Reutte, Tel. 05672/72651.

In der *Schweiz* gibt es ebenfalls Al-Anon-Gruppen, das Blaue Kreuz und die Guttempler (lokale Adressen finden Sie im Telefonbuch).
Al-Anon Familiengruppen, Postfach 103, Ch-4601 Olten, Tel. 062/2965216.

Literaturempfehlungen

Co-Abhängigkeit und Beziehungssucht

Beattie, Melody: Die Sucht gebraucht zu werden, München 1990.

Lambrou, Ursula: Familienkrankheit Alkoholismus. Im Sog der Abhängigkeit, Reinbek 1990.

Norwood, Robin: Wenn Frauen zu sehr lieben. Die heimliche Sucht gebraucht zu werden, Reinbek 1986.

Wilson Schaef, Anne: Co-Abhängigkeit. Die Sucht hinter der Sucht, München 1986.

Wilson Schaef, Anne: Die Flucht vor der Nähe. Warum Liebe, die süchtig macht, keine Liebe ist, Hamburg 1990.

Alkoholismus

Die Bücher der Anonymen Alkoholiker (AA) und von Al-Anon sind nicht im Buchhandel erhältlich. Sie können sie über folgende Bezugsadresse bzw. über die bei den Beratungsstellen genannten Dienstbüros bestellen:

Anonyme Alkoholiker (AA) Interessengemeinschaft e. V.
 Literaturvertrieb
 Postfach 46 02 27
 80910 München

Anonyme Alkoholiker Interessengemeinschaft e. V.: Anonyme Alkoholiker
 Das ist das grundlegende Buch der AA. Man kann es gut der alkoholkranken Person als Lektüre hinlegen.

Al-Anon Familiengruppen (Hg.): Was heißt «betrunken», Mama? Eine Broschüre mit Zeichnungen und Text für Kinder im Grundschulalter

Lambrou, Ursula: Familienkrankheit Alkoholismus,
Im Sog der Abhängigkeit, Reinbek 1990.

Taschenbuch für erwachsene Kinder von Alkoholikern, die mehr über sich erfahren wollen; für Mitbetroffene, die sich über Co-Abhängigkeit und Beziehungssucht informieren wollen; für Eltern, die ihre Kinder soweit wie möglich vor Schäden bewahren wollen.

Rieth, Eberhard: *alkoholkrank*, Blaukreuz Verlag 1992.
Ausführliche Darstellung über die Alkoholkrankheit.

Ruscombe-King, Gillie & Hurst, Sheila: Alcohol Problems, Talking with Drinkers (ISBN 1 85302 206 3), London 1993.
Für Menschen, die beruflich mit Trinkenden zu tun haben; Ärzte, Sozialarbeiter, Therapeuten, Lehrer.

Sexueller Mißbrauch
Bass, Ellen: *Trotz allem*. Wege zur Selbstheilung für sexuell mißbrauchte Frauen, Berlin 1990.
Für erwachsene Frauen, die als Kind sexuell mißbraucht wurden. Es enthält auch ein Kapitel für Angehörige.

Suchtgesellschaft
Wilson Schaef, Anne: Im Zeitalter der Sucht, Wege aus der Abhängigkeit, Hamburg 1989.

Anmerkungen

1 Ursula Lambrou: Familienkrankheit Alkoholismus. Im Sog der Abhängigkeit, Reinbek 1990.
2 Eberhard Rieth: alkoholkrank, Bern 1992, S. 116/117.
3 B. Hore: Alcohol Dependence. London 1976.
4 D. W. Goodwin: Alcoholism and heredity. Archives of General Psychiatry 36, 1979, S. 57–61.
5 Ursula Lambrou: Familienkrankheit Alkoholismus (s. Anm. 1), S. 184–198.
6 Eberhard Rieth: alkoholkrank (s. Anm. 2), S. 117.
7 Ebd. S. 118.
8 Health Network, CompuServe Basic Services, 1995.
9 G. Macloed, D. Mayfield, P. Hay: The Cage Questionnaire – validation of a new alcoholism screening test. American Journal of Psychology 129, 342–345. Zitiert in: Gillie Ruscombe-King, Sheila Hurst: Alcohol Problems, Talking with Drinkers, London 1993, S. 49/50.
10 Anne Wilson Schaef, Vortrag: Recovery in an Addictive World, Kassette, Internationale Seminar-Vermittlung Hochstr. 9, 38102 Braunschweig.
11 Anne Wilson Schaef: Co-Abhängigkeit. Die Sucht hinter der Sucht, München 1994, vgl. Kapitel 4.
12 Robert Subby, John Friel: Co-Dependency: The Therapeutic Void. In: Co-Dependency: An Emerging Issue, Pompano Beach, Florida 1984, S. 32.
13 Ursula Lambrou: Familienkrankheit Alkoholismus (s. Anm. 1), S. 14.
14 Anne Wilson Schaef: Im Zeitalter der Sucht. Wege aus der Abhängigkeit, Hamburg 1989, S. 62.
15 Al-Anon Familiengruppen Interessengemeinschaft e. V.: Nur einen Tag nach dem anderen in Al-Anon, Köln 1978, S. 86.
16 Melody Beattie: Die Sucht gebraucht zu werden, München 1990, S. 76.
17 Al-Anon Familiengruppen: Nur einen Tag nach dem anderen (s. Anm. 15), S. 107.
18 Anne Wilson Schaef: Co-Abhängigkeit (s. Anm. 11), S. 72.
19 Anne Wilson Schaef: Im Zeitalter der Sucht (s. Anm. 14), vgl. S. 46–50.
20 Anne Wilson Schaef: Co-Abhängigkeit (s. Anm. 11), S. 35.
21 Vgl. Patricia Evans: Worte, die wie Schläge sind, Reinbek 1995.
22 Anonyme Alkoholiker Interessengemeinschaft e. V. (Hrsg.): Anonyme Alkoholiker, München 1983, S. 22/23.
23 Anne Wilson Schaef: Nimm dir Zeit für dich selbst. Tägliche Meditationen für Frauen, die zuviel arbeiten, München 1992, 22. März.
24 Anne Wilson Schaef: Vortrag: Recovery in an Addictive World (s. Anm. 10).
25 Anne Wilson Schaef: Co-Abhängigkeit (s. Anm. 11), S. 56 und S. 61–63.
26 Ursula Lambrou: Familienkrankheit Alkoholismus (s. Anm. 1), S. 67–70.

27 John Bradshaw: Das Kind in uns. Wie finde ich zu mir selbst? München 1992, S. 72/73.

28 Sharon Wegscheider: Another Chance. Hope and health for the Alcoholic Family, Palo Alto 1986, S. 83.

29 Ursula Lambrou: Familienkrankheit Alkoholismus (s. Anm. 1), S. 50.

30 Anne Wilson Schaef: Im Zeitalter der Sucht (s. Anm. 14), S. 186.

31 Briefwechsel zwischen Bill W. und Carl G. Jung in: Grapevine 1/1963, New York.

32 Wolfgang Schmidtbauer und Jürgen von Scheidt: Handbuch der Rauschdrogen, München 1988, S. 537.

33 Ebd., S. 143.